神奇筆記本

輪盤與信仰的神奇交會

劉駿豪 著

目錄

〈推薦序〉

賭局之外，教育與自我成長的啟發之書

林奕華（台北市副市長）

駿豪是我的老朋友。從師大附中到台大，朋友圈裡大部分的人都跟我一樣，是把他歸類爲「頭腦好又有創意、人緣好還很海派」的一種典型。

辦活動？募款？KTV夜唱？找劉駿豪就對了！在我們不過都才二十歲左右的年紀，他就是那個可以把舞會辦得漂漂亮亮、場面hold得穩穩當當的專業級人才。尤其是，當他開口想要說服一個人、或是促成一件事的時候，很少有達不到目標的。

但，以我們已經超過年紀一半以上年資的老交情，乍看到這本書裡，駿豪坦然提到大學時的自己，其實已經沉迷在賭博電玩中，以至於幾乎傾家蕩產、捉襟見肘的生活著……，我還眞瞠目結舌了好幾秒！令我驚訝且無法想像的，是在他自信的外表與豐富的生活閱歷下，明知賭博是一個深淵、卻沒有辦法說服自己不只一次地墜落。在過程中又有多少的一念之差，都可能導致完全不同的人生結果？就連老友如我，讀著讀著，都不禁爲他捏一把冷汗。

正如同寫下《浮士德》這部經典文學名著的德國文學家約翰．沃爾夫岡．馮．歌德所提醒的，「Knowing is not enough; we must apply. Willing is not enough; we must do.」（知道是不夠的；我們必須應用。願意是不夠的；我們必須行動。）本書就像是一堂眞實世界版的哲學課與公民課，駿豪用接觸、沉迷與戒斷賭博的親身歷程，生動的描述了「知易行難」的道理。我非常鼓勵從事教育的師長同仁們翻翻這本書，了解絕大多數的學生都不是一開始就想走偏路、做錯事、或是沉迷於各式各樣的壞習慣；在學習的過程中、甚至是經歷錯誤的每一步上，相信都有一顆與自己奮戰的靈魂，在不停地掙扎、對話、試著做出正確的選擇。所以，身爲老師或家長，回到教育的初衷，都不需要、也不能夠預設立場、更不能放棄以言教、身教、引導與陪伴，來完成教育的目的。

而正在向著成爲「終身學習者」的路上行走的我們，或許也可以從這本既平凡眞實而又十分神奇的故事中，看到個人恢復與成長的可能性，以及在挫折中如何實現家庭與社會關係的重建。因爲駿豪這段從無心的「失控」到重新「自我掌控」的旅程，也正是一個關於如何在生活的各個階段學會做出更明智選擇的教訓。

如果把人生看成一場賭局，且讓我們下注於更有價值的東西：智慧、愛與成長。

〈推薦序〉

從他的故事裡找到力量

周巽正（台北靈糧堂主任牧師）

一個被賭癮綑綁二十多年的人，怎麼可能可以勝過賭博的癮頭？當駿豪弟兄在二〇〇八年來到靈糧生命培訓學院上課時，我有榮幸可以見證他的人生的翻轉。在學院裡的生命小組時光（LTG），駿豪弟兄是我一對一輔導的學生，單純敞開的分享他眼下的困境，無論是財務或是職場，我所聽到的他是對未來如此迷惘、對自我能力懷疑、無論是工作發展上或是經濟上都有著極大的壓力～

在基督的信仰裡，人的盡頭就是 神的起頭！當時只有聖經的話語以及來自神的平安能夠陪伴他走出一切的危難。我也大膽地鼓勵他：「這些困難是出於 神，代表 神很看得起你，很看重你！」駿豪弟兄也抓住 神的話語，成爲他的力量。

聽聞駿豪弟兄在一個偶然的機會出清了手中所有的股票，幾個月後，教會生命培訓學院就學期間，甚至在一個奇妙的 神所預告的時間點，全然戒除多年來賭博的喜好，神一次一瞬間抽走他賭博的刺激樂趣，讓他從那一刻起徹底失去所有癮頭的綑綁！神做事眞是奇妙！

一個癮頭大到無法自拔，知道要改變但沒有能力，卻可以藉由信仰的力量得到眞實的自由。這眞的是神蹟！這是本充滿正能量的一本書！

認識十來年，聽聞駿豪弟兄出書的消息，讓我回想這正是聖經上寫著：若有人在基督裡，他就是新造的人，舊事已過，都變成新的了！看著駿豪弟兄放下他自己，把自己交託給這位愛人的 神。癮頭帶來的纏累，在人來看是不能去除，但在 神凡事都有可能！

我曾鼓勵他用全新眼光來做補教事業，不要被過往經驗困住！所以他的「得勝者」，並不是傳統觀念的補習班。他想打造的，不只是一個加強課業的地方，也是學生愛來的學習環境，孩子可以在此獲得課業、身心靈各方面成長的機會。每年聖誕節送學生精緻

筆記本，鼓勵學生們像他一樣，可以藉由寫筆記本，與自己對話，甚至從中找到 神，

我想這就是他最獨特的傳福音方式！

不管你面對的問題挑戰有多大，你會從他的故事裡找到力量找到盼望！

〈推薦序〉

只要開始努力，就永遠不算晚

連賢明（政大創新國際學院副院長、政大台灣研究中心執行長）

駿豪學長是我在台大經濟系的直屬學長。第一次碰面是在大一的迎新活動。當時我和另一位學伴在台大校門廣場與學長姐會面。雖然我們素未謀面，駿豪學長當我們是哥兒們般自然相處。他的親切和開朗給我們留下了深刻的印象。後來我才得知，他在師大附中就是吉他社社長，常帶領新生加入社團。憑藉他的交際才能，在附中是個風雲人物，曾多次組織活動，包括迎新舞會和畢業舞會。

雖然學長作風平易近人，但在大學期間，我很少在校園內見到他。他通常在考試前一兩周出現，向同學或學弟妹借筆記，是典型的臨時抱佛腳學習者。然而，他總能在短時間內準備好考試，並順利畢業於台大。我常開玩笑說他爲學弟妹樹立了一個榜樣：只要開始努力，就永遠不算晚。

要找駿豪學長通常需要在校外的咖啡廳或電玩店。我印象最深的一次是在一間賭博電玩店。我站在店門口外猶豫了許久，他卻從VIP包廂大步走出來迎接我，毫不在意周圍是些刺龍刺鳳的社會人士。他還教我如何玩這些電玩遊戲，討論了他花了數個晚上研究如何提高賭博勝率的經歷。那一刻，我深刻感受到他的聰明才智，只是他的熱情似乎都用在了電玩遊戲上。

後來畢業後，在信義路的補習班再次和學長相會。那時，他已是升大學補習班的老闆。他提到畢業後本來玩票擔任班主任，靠著過人的口才和良好的人際關係，補習班業務迅速蒸蒸日上，成爲南陽街的明日之星。然而，他賺的越多，賭的也越大，並沒有積累多少財富。令我驚訝的是，他卻在信仰的引導下戒除了賭博，主奇妙地改變了他的人生，讓他從糜爛的賭博生活中洗心革面。作爲他的直屬學弟，雖然不太了解 主的神蹟，但真心爲他的重生感到高興。也因爲受 主的感召，他很希望能將過去的不羈歲月當作養分公開，讓更多年經人知道要如何迷途知返。

這幾年因爲在校內擔任行政職，經常遇到招生問題，常常有機會和學長請益。他不僅對我們創新國際學院的招生策略提出建議，而當學弟開口請他支助獎學金給外籍學生時，他也是二話不說仗義相助，還答應要幫忙我們擴大募款，眞正做到所謂「行公義、好憐憫、存謙卑的心」。最巧的是，我們的孩子竟然在政大附中同班而且同球隊，彼此卻過了好一段時間才認出。和學長的緣分長久而深厚，眞的很幸運能有他作爲我的直屬學長。

〈推薦序〉

改變是可能的

廖文華（真道教會主任牧師、夢想之家教育基金會董事長）

當你是全國各地高中名校競相邀約的升學輔導專家，當你每年培育出兩百位醫科生，讓上千學子考取他們心目中的理想志願，當你是國內首屈一指的教育企業家，文教事業橫跨北中南東，當你能得天下英才而教之，看著台下來自全國各地的優秀學生，你會跟年輕人說些什麼？你想要將什麼放進青年人的內心？你想在眾多大孩子的成長過程中扮演什麼角色？

我有幸成爲駿豪哥的朋友與牧師，看見他十多年來如一日，每個禮拜請學生們吃披薩，請他們喝星巴克，在短短一小時的心靈時光，用他自己最眞誠的生命故事和聖經金句，撫慰這些年輕人焦躁不安的內心，鼓勵他們從挫敗中再次站起來，找到努力的目的與方向。

他常在跟大孩子們分享時，眞情流露地哽咽、濕了眼眶；更常耐心地爲一個個孩子解答疑惑，有時半小時、一小時就這麼過去，但是孩子們乾涸的心卻彷彿得到一股甘冽清泉的滋潤。

一周大部分時候他們夫妻二人都穿梭奔波在台北、桃園、台中、台南、宜蘭的「得勝者文教」，帶領心靈時光。他們說，這是創辦得勝者文教的眞正使命與動力。他們想給孩子的，不想只是知識的供給，也要活得優雅，將來組幸福的家；不想只是在考試中奪冠，也要有健康的人生觀和價値觀。

像他這樣台大經濟系畢業的升學專家、教育企業家，爲什麼願意打開生命中最不堪的過往，承認自己曾經是個賭徒、在財務上捉襟見肘、自我中心地忽略家人？爲什麼想竭力分享他如何經營婚姻生活、如何每天晚上靜下心來寫筆記本？我知道爲什麼。因爲他關心那些和他過去經歷相同困境的人，也許被某些戒不掉的癮所捆鎖，也許家庭關係瀕臨破碎，也許被壓力逼入牆角、喘不過氣。他想讓人知道，改變是可能的、盼望是眞實的，生命可以是美好的。

聖經中偉大的使徒保羅分享他在困境中經歷主耶穌所說的一句話，而這句話帶來力量，使保羅人生完全改變。「他對我說：『我的恩典夠你用的，因爲我的能力是在人的軟弱上顯得完全。』所以，我更喜歡誇自己的軟弱，好叫基督的能力覆庇我。」（哥林多後書12：9）耶穌的恩典、耶穌的能力就是改變保羅的關鍵，也是改變駿豪哥的關鍵。駿豪哥承認他的軟弱，因爲他經歷耶穌基督恩典與能力的覆庇，而這恩典與能力也能覆庇每個軟弱和有困難的人。

德國名教育家福祿貝爾（Friedrich Wilhelm August Fröbel）說：「教育無他，愛與榜樣而已」。《後漢紀》云：「經師易遇，人師難遭。」我在十多年的友誼中見證駿豪哥活出了愛與榜樣，他不只是極好的經師，更是難尋的人師。

我很榮幸推薦這本書給您，誠摯祝福您因著主耶穌的恩典與能力，成爲生命的得勝者！

〈推薦序〉從隨機到確定的逆轉人生

饒達仁（清華大學教授、工研院機械與機電系統所所長）

和駿豪認識，是在三十多年前，台大學生會社團裡，短暫的互動過一陣子（他是公關部長，我是活動部長），當時首創的椰林大道舞會、世界地球日演唱會、反毒舞會，就是我倆合作下的產物。對於社團裡大小活動的執行效果與風險評估，這位經濟系高材生，總是朝向最正面的方向走。不但樂觀，而且大膽，幾乎就是人說「初生之犢不畏虎」、「語不驚人死不休」的那種態度。當然，文中提到的「賭」，早就是其生活中最重要的事之一，雖然沒有參與他賭博啟發的那一段，但大學時期多采多姿的生活，卻聽了不少，總覺得這傢伙的背景也太特殊了吧。

從台大畢業後，駿豪便一直投入在高中升大學的補教事業，我也一路都在美國東岸、西岸繼續攻讀碩博士。生活不同、領域差更遠。幾次回台相遇，知道他的財務狀況，似乎總是大起大落，原本還以爲是補教業眞不好經營，但才發現駿豪因爲補教事業的高額收入，造就他成爲賭場的常客，從澳門、菲律賓到拉斯維加斯，他都是各大賭場的VIP。雖然我也愛去賭場小賭怡情，但和他比起來，眞是貴族和平民的天壤之別。

印象最深刻的一次，就是駿豪開口向我借錢。當時我是個窮博士生，但聞老友開口，總也是要出手救「急」。有借有還之際，駿豪也坦白告訴我，這「急」都不是生活上的急，而是始終被困在賭博的迴圈裡，找不到脫離的那個出口。雖然在機電工程領域研究了十幾年的隨機性、機率論和統計學，我一時之間還眞不知道該說些什麼？身爲好朋友之一，還眞的就兩肋插刀，梭了一把！（現在是這麼想著，當時鐵定髒話都快罵出來：頭腦是不是壞掉啊老兄？經濟系高材生的數學基礎不是應該很行嗎？就算統計跟微積分當掉重修，也不需要在賭桌上實驗吧？……）

對！在我從洛杉磯回到清大任教之前，我們一如往常，找個地方聊天，非常震撼的聽到他不止戒酒也戒賭了，這是多麼不可能的事。對於一個過著紙醉金迷生活的鉅子，戒酒容易，戒賭是多麼不容易的事，更何況他的補教事業正在高峰中，有用不完的錢。原來，他親身見證了神蹟，他也在對話過程中告知我這幾年發生的許多不可思議的事。身爲好友的我，不但爲駿豪開心，也爲他們全家高興，浪子回頭了，這一切是多麼的不可能，這應該是我的朋友們中，最誇張的轉性之旅吧！

或許上帝讓他戒賭，是爲了要給他更多的任務吧！他發揮強大的口才，以及各式各樣不同於其他補教專家的想法，造就他成爲各大校園中，最了解大學考招趨勢，以及可以給出一些絕妙招生策略建議的升學輔導專家「劉主任」。運氣很好，身爲清大學務工作者之一，也因爲可以很驕傲的跟校長等主管說，劉駿豪是我的同學好友，他可以無條件的給予學校，一些在招生上的法寶及策略。現有的各系甲乙組的做法，就是最早在清大，讓系所錄取成績向上提昇的策略之一，不知不覺，此法已流行了超過十年了。

人生就是這麼微妙，他的女兒因爲桌球相當優秀，選擇來清大唸書，又讓我們更常聚在一起，聊當年的是非，現在與未來的想法。「一念之間」離開了賭博，從隨機到確定的大逆轉，造就駿豪的前半生。大起大落的人生，讓他決定現身說法而寫下這本書。看來，那個正面、樂觀、大膽的劉駿豪，要告訴大家，人生許多拍案叫絕的事蹟了！

前言

十五年前（二〇〇九），我第一次受邀到電視節目分享曾經沉溺於賭桌，以及非始於自願，卻完全改造了我人生的寫筆記本歷程。但當時我其實是很矛盾的，因為要坦承過往的賭博惡習，不僅羞愧，更猶豫著一旦公開，將如何面對他人可能的異樣目光或質疑？所以從錄製前的討論，直到進入攝影棚了，我內心仍存在一股強烈的抗拒！

如今，將這段生命經驗以文字更鉅細靡遺呈現在《神奇筆記本：輪盤與信仰的神奇交會》，心情同樣起伏，但不再是羞愧，反而是熱切分享的喜悅！

一直以來，不論是工作或生活，我向來習慣以言語表達自己。首度嘗試文字才知道，原來書寫過程很像在剝洋蔥，一層層進入過去深陷賭癮時，不曾碰觸、不敢誠實面對的內心世界之外，也再度看見了那個看似狂妄卻恐懼、衝動又遲疑，卻還常要強作鎮定、內外衝突的自己。

面對自己，遠比透過螢光幕面對他人艱難且痛苦多了！也才明白，當年心存抗拒的，原來就是不願承認並接受的脆弱自己！在這一年多寫寫停停、反覆修改的眞實體驗中，除了扭曲、不切實際的賭徒心態，也愈來愈清楚確認，我更想要分享的是，多年來每晚臨睡前不到半小時，短暫卻專心一意的寫筆記本時刻與收穫。如果說戒賭讓我重獲新生，那麼，寫筆記本對我的人生方向與價值，更是珍貴閃亮如燈塔般的指引！

《神奇筆記本：輪盤與信仰的神奇交會》，一趟關於迷失、覺醒和重生的心靈旅程，竭誠邀請同遊共享！

從小學就開始賭

我母親跟很多同學的媽媽不一樣，
她從不覺得學業成績最重要。

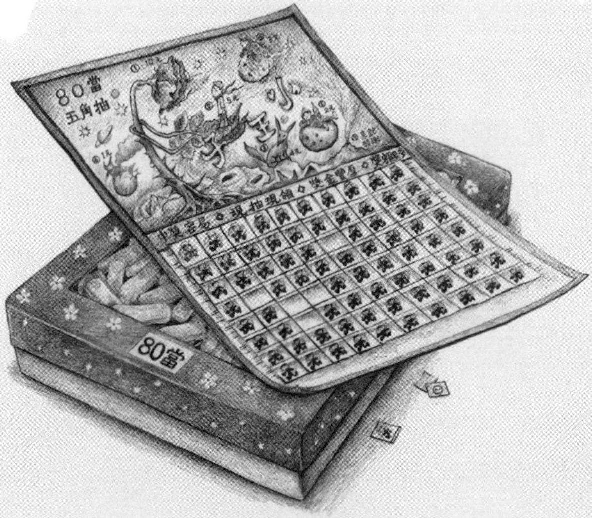

如果問我爲什麼愛賭？其實我也說不出個所以然，就是逐步沉迷，最後成爲一種癮頭。愛賭的人，原因各個不同，有人爲贏錢，有人天生愛賭，有人當職業。但對我來說，不純粹是爲了贏錢，輸錢當然很痛苦，但贏了，「哇！我猜對了」的快感，以及數字起伏所帶來的刺激感，才是最讓我著迷、難以自拔的原因吧。

若眞要追本溯源，或許也因爲我的家庭教育很另類。

另類家庭教育

我父親是遠洋輪船的輪機長，跑遍世界各地，出一趟任務，大概就是一整年。所以，從小接觸媽媽的時間遠比爸爸多很多。媽媽個性爽朗開明，爸爸長年不在家，我跟弟弟的管教重任當然全落在她身上，但她的方式，可以說是無爲而治，也就是沒在管。小學時候，每當老師發問卷詢問家庭管教方式，要全班同學在「嚴格」、「民主」、「放任」

選項中勾選。標準答案當然是勾民主，但我一定勾「放任」。印象中，那時候大多數同學的父母，都是比較權威式，但我母親從來不威權，更不嚴格，幾乎就是放任，她只要求我們兄弟倆不做壞事就好。

因爲我爸收入頗豐，大概兩個月薪水在當時就可以買棟房子，所以我母親完全不需要工作。她在典型的眷村家庭長大，因爲我外公是軍人，打麻將可以說就是眷村日常。小時候，逢年過節回外公外婆家，我的大部分記憶就是看著長輩們打麻將。因爲媽媽有七個兄弟姐妹，加上各自的配偶、孩子、親戚朋友，所有人聚集在一起，可眞是熱鬧滾滾。擺起麻將桌，這裡一桌、那裡一桌，此起彼落的搓麻將聲音，眞的是不絕於耳。

跟很多眷村長大的小孩一樣，我從小到大就耳濡目染在搓麻將的家庭生活之中。我媽媽自己愛打，親戚朋友到訪，只要湊得到四咖，也一定會摸個幾圈。對我來說，打麻將就跟看電視、吃點心一樣，都只是日常，是生活罷了。我就這樣在搓麻將聲中長大了。記得是在小學四年級，我也開始用壓歲錢，跟著舅舅阿姨表哥表姊們一起上桌，加入了家族打麻將的聯歡大會。

當然，打麻將也不只在逢年過節，我們家裡也時常有親戚朋友或鄰居來摸幾圈。到家裡打麻將的許多親友中，有一位長輩最讓我印象深刻：他兩隻手的中間三根指頭，可能在意外中被切掉了，但打起麻將來，依然熟練自如！他只用大拇指和小指就能抓牌和打牌，令人眼界大開！

有時候媽媽要去上洗手間或突然有什麼事，我就會被叫去替手一下。尤其，當外公外婆從南部北上我家，住一陣子後，老人家閒來無事，當然就是要打麻將。還記得我國中時候，有一回遇到第二天學校要段考，剛好外公外婆住我家，理所當然家裡要開一桌。可是，那天家裡只有外公、外婆，還有我媽，只三個人，還少一咖。怎麼辦？媽媽很認眞地跟正在準備考試的我說，先不要管考試了，一起陪外公、外婆打麻將吧。我媽媽眞心認爲，陪她的爸爸媽媽打麻將比考試更重要。

對很多人來說，打麻將或許是一種小型賭博，但在我媽媽心目中，打麻將是親友間重要的情感交流，陪大人打麻將，也算是孝順長輩的一種方式。我母親跟很多同學的媽媽不一樣，她從不覺得學業成績最重要，也認爲不需要爲了考試就不做其他事。她從來沒有要求我的成績一定要名列前茅，我想可能是因爲我媽媽自己不是個用功讀書型的人，她喜歡打籃球，學生時代是籃球隊隊長。我媽跟我說過，以前只要她不想上課，會舉手跟老師說，這節課籃球隊要練球。她就帶著幾個同學一起去打球、逃離課業壓力。

我母親告訴我的這些故事，逐漸在我腦海形成了一個想法：原來不想上課，可以想出一個不上課的方法。此外，媽媽也一直告訴我，「我們不惹事，但我們不怕事！」不惹事，是不爲非作歹，不怕事，是有所擔當。這是我從小被根植的概念。

在小三升小四期間，我得了急性腎盂腎炎，狀況非常嚴重。治療期間必須天天從位在木柵的我家，前往忠孝東路上的中心診所看醫生。也因此，四年級一整年我完全沒有上學，卻也沒有休學，因爲我媽不願意我因此晚別人一年畢業。奇怪的是，雖然沒有上學，我一整年卻還是有成績。我猜，應該是我媽懇請老師通融，或者用了什麼方法讓老師同意吧。長大後發現，原來小學少讀一年並沒有什麼差別！

我就是在這樣的家庭教育下長大。當我小學四年級開始加入家庭麻將娛樂之後，我逐漸學習要如何揣摩對手有什麼牌、如何捨棄手中的牌、情況不利時該如何採取守勢……一次又一次磨練出更好的技巧，打麻將的興趣與技術也就逐漸被培養並精進，也似乎在爲我未來的賭徒生涯打下不該有的基礎。

把抽抽樂當數學題來解

除了打麻將是生活日常，因爲我是長孫，從小被爺爺捧在手心寵大。爺爺在美軍顧問團（Military Assistance Advisory Group，MAAG）任職，那是一九五〇年代，美國派駐在台灣的「美國軍事援助顧問團」，以軍事顧問性質協助訓練我們的國軍。爺爺因爲工作單位特殊，相較於一般人，薪水也不錯。

每次跟爺爺出去，他一定會買一個玩具送我。我媽媽常跟我說，不能養成這種習慣，如果這習性不改，將來長大了，若我自己賺不到足夠的錢買想要的東西的話，可能就會去偷、去搶。

但不只買玩具，爺爺還會給我零用錢。而我大部分的零用錢都用在一個地方：抽抽樂。八〇年代以前，台灣大街小巷裡的簳仔店大多會賣這種童玩商品，抽抽樂的獎品琳瑯滿目，有零食類，也有玩具類，有的甚至還有錢。我最喜歡的品項是有金錢的那一類，其次是用品類的，對零食類的沒興趣。那玩意，通常是一個大紙盤，裡頭附有幾十個或一兩百個號碼，然後根據抽到的紙籤號碼來決定中獎與否，及抽中的獎品。這可是我們那個年代的小學，甚至幼稚園學童的最愛。

印象中，抽一張紙籤在我那年代是五毛錢，我都玩獎品是「獎金」的，也就是有錢的。還記得最大獎金好像是一百元吧，爲了抽到獎金，我常就把零用錢花光光，沒錢了，就去找爺爺要。我並不是亂玩，在抽的時候我很快發現，比如說這一盒上標示八十（80）當或一百六十（160）當或三二〇（320）當（「當」，指可抽的籤紙），那就表示這一盒共有幾張紙籤。當時，我就懂得記號碼，抽到了什麼特殊號碼，在整張紙籤上的哪個位置，我都會盡量背下來。只可惜有金錢回饋的玩法比較複雜，抽到中獎號碼後，還要到另一個抽板上再闖一關，才能順利贏得金錢。

從幼稚園到小學，我都沉迷於抽抽樂，有錢就想去抽，只因爲很想得到那些獎品或獎金。抽抽樂，其實就是小小孩的小賭場。所以，那時候我就常常在想，如果能有足夠的錢，我就會買下一整盒，然後把每一個紙籤上的號碼撕開來，並且貼出來，再一一記住會中大獎的號碼在哪些位置，那麼下次去店裡，就可以直接抽最有利的號碼。

有一次在簳仔店內，看到其中一盒抽抽樂的最大獎是一副羽毛球拍，而且是高級的羽毛球拍，我很想要。碰巧，那盒紙籤的號碼剛好是我會背的。當我看到一個很小的號碼還沒被人抽掉，我就很有把握地抽出那張紙籤。果然，我抽中了那個最大獎。這時候，老闆竟然不肯給我獎品，他認爲我一定作弊！因爲他說，怎麼可能一抽就中？我很生氣，但當時還小，不知道該如何跟大人據理力爭，就跟和我一起去抽的那個從小到大最要好的朋友說，以後再也不要到這家簳仔店來抽了。

就因爲爸爸是高收入的輪機長，爺爺又寵我，媽媽也凡事都像朋友般和我溝通，所以相較於同年代成長的小孩，我算是好命又自由。不但從幼稚園到小學都唸私立學校，我也從來不必因爲經濟問題而受到約束或有所顧忌。我的學業成績普通，但因爲家裡很開放，所以沒有給我任何功課上的壓力。我媽雖然知道我喜歡打電動玩具，花很多零用錢跟時間在各種電玩上，但她沒有責罵，也沒有阻止。

破解事物規則的渴望

也因爲沉迷電玩，才逐漸發現，我非常喜歡數字，更喜歡找各種事物的規律。記得國一時老師在課堂上提到：不可能用尺規作圖來將任意角三等分，這是史上三大幾何難題之一，我聽了之後第一念頭就是想挑戰看看，明知不可能，我卻覺得有機會，幾乎課後閒暇我都抓著一支直尺和一個圓規，哪裡也不去，就在紙上畫呀，想呀，鑽著角尖想出各種可能破解的方法，那就是我上數學課的樂趣之一。雖然這三大難題老早被數學家證明無法以傳統的尺規作圖方法來實現。但，我就是那種非得自己用自己的腦袋、身體，親自證明一次不可的傢伙。數學課或其他事物所吸引我的，不在於考出學科一百分，而是破解其中可能的漏洞或找出簡單規則，這在我心裡有一股莫名而強烈的贏的欲望與快感。更是一種發現的喜悅。

現在回頭想，如果我把這股強烈破解的好奇心充分發揮在數理科目的探索上，我應該就不會沉溺在賭場廿年，說不定，現在可以在學術領域中得以發揮所長。天賦的運用，差別一瞬間，結果卻是大不同。

小學畢業後，我讀的是師大附中國中部，當時是第二屆。國一時候，學校舉辦園遊會，各年級、各班都有人擺出一些有趣的好玩攤位。我記得其中有一個是「畫圈圈遊戲」，讓同學將紙上圈圈以直線方式劃掉。遊戲是先在紙上畫出十五個圈圈，圍成平面金字塔三角形，兩個人輪流劃，一次要劃掉上面幾個圓圈都可以，兩個圈，三個圈，四個、五個圈都行，只要畫的線是直線，劃到最後一個圈的人就是輸家。

這個畫圈圈的遊戲，玩一次五元，但只要玩贏擺攤者，就會被請吃一個漢堡。我當場雖然一直輸，一直輸，一直輸，但這畫圈圈遊戲讓我很著迷，腦袋裡一直想著，這肯定有某種規則或公式，不然，我怎麼會一直是輸的一方？

15個圓圈，雙方輪流用一直線劃掉圓圈，劃到最後一個的算輸！

留給對方以下的狀況，我們就贏了！

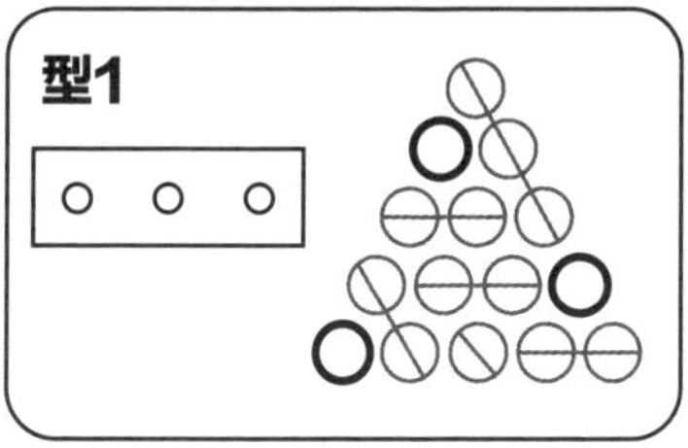

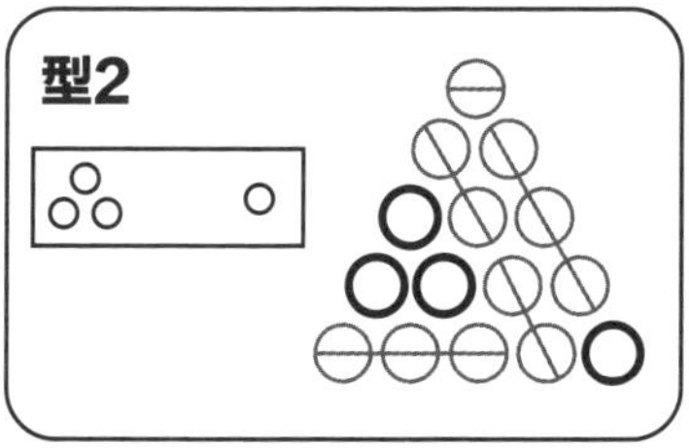

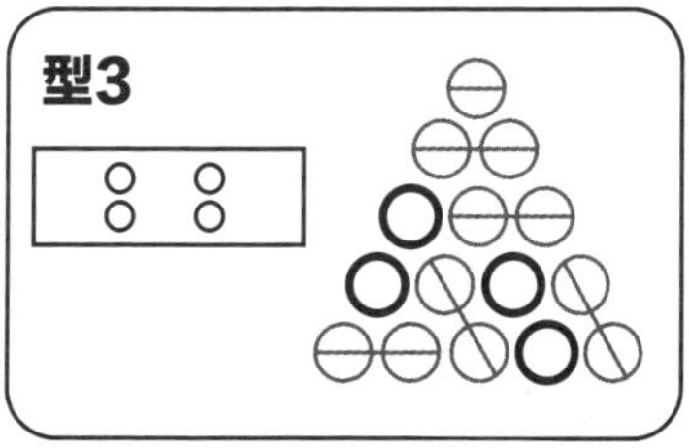

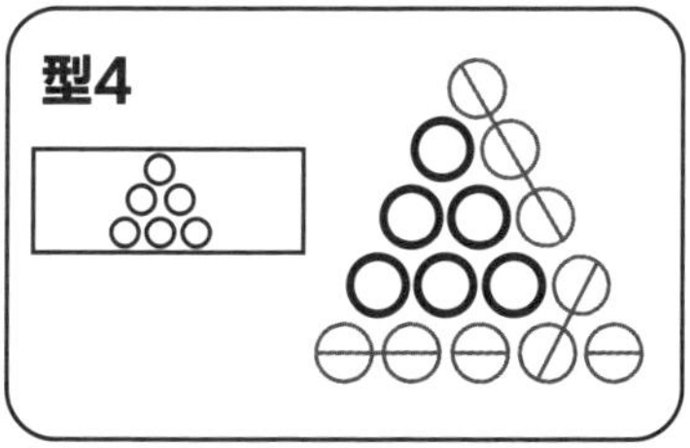

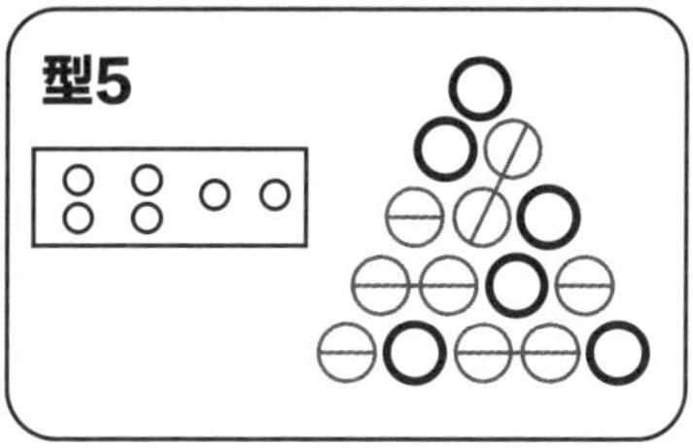

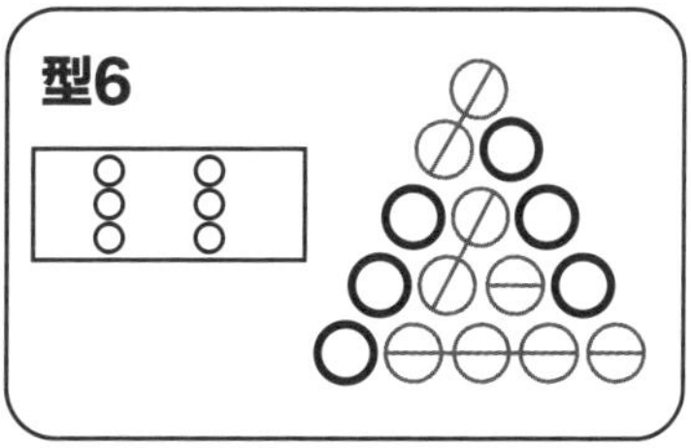

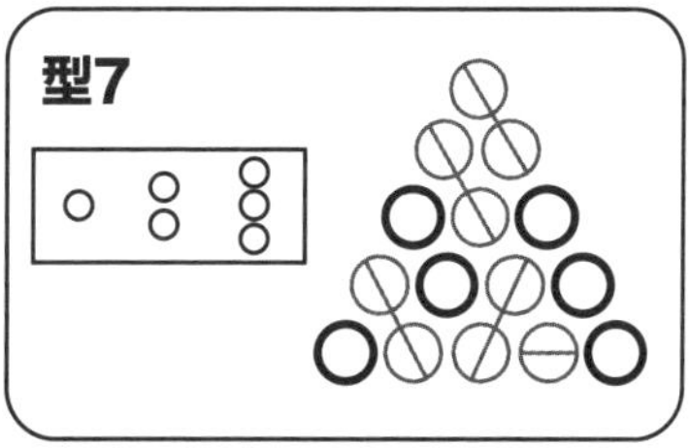

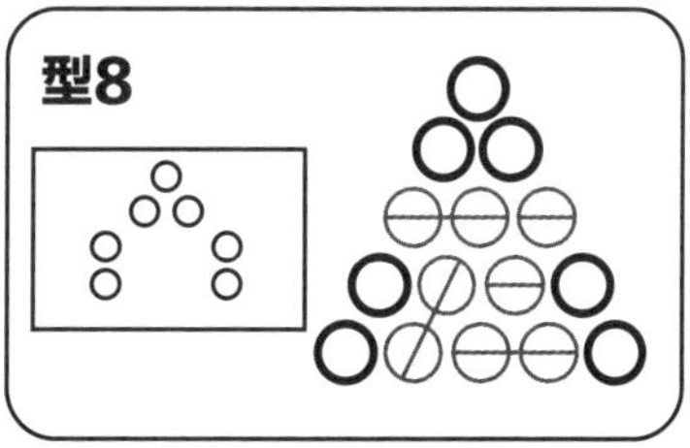

園遊會結束了，但我還是意猶未盡，整個腦袋不停地在尋覓隱藏在畫圈圈裡的規則定律。於是，我把所有的可能性倒推回來——假設總共是十五個圈圈，我想盡所有可能的畫法：當對方畫下第一筆，我就找出一個對應方法。我還找了班上同學來驗證我的對應方法，一次又一次演練，果然被我找出其中的原則。我這麼愛背數字、方位的人，當然也把這畫圈圈遊戲的圖形規則都記了下來。當對方選定圈圈、畫下第一道直線的時候，我一看就知道我該畫哪裡了。

解開畫圈圈的規則後，我超期待下一年度的園遊會，我想用五元就贏一個漢堡。可惜，天不從我的願，除了國一這一年玩過這遊戲，到了國二、國三，就再也沒有人擺這種攤位了，讓我懊惱了好久！

其實，各種遊戲一定存有破解的方法。就像兩個人猜拳，輸贏機率各半，沒有人天生就是贏家。重點在於觀察——人的習性，也就是某種規律。譬如：當一個人用剪刀贏了出布的人，這個出布的人，下一把肯定會出石頭。這就是人的習慣。即使我先跟對方破了這個梗，再一次猜拳，對方還是會做出同樣的反應，像反射動作似的。但我並不是觀察人，而是觀察動作，也就是觀察遊戲本身。當我專注在觀察的時候，周遭的聲音跟場景都像被抽離了一樣，都不在我的感官知覺裡了。

不死小精靈玩法

小學那時候最流行、最新潮的，就是小精靈（Pac-Man）遊戲——玩的人操控手上的搖桿，讓機台裡的小精靈在迷宮中前進，過程中，玩家一路吃掉藏在沿途的豆子，吃愈多分數愈高，同時要小心避開，不要被沿途隨時出沒的鬼魂抓到，一旦被抓到，就**game over**出局了。很多人常常玩沒兩下，小精靈很快就被鬼魂抓到，沒得玩。必須再掏錢、投幣，才能重新再玩。

表面上，小精靈行進的路線是由玩的人手上的搖桿在控制，但我發現，原來有人提供了每一關不會死的公式路線，讓小精靈的行進路線有公式可循。我就開始盡力背下它的規律。大部分人覺得手下的小精靈被鬼魂追上，是因爲自己的手不夠靈巧，搖桿控制得不夠準確、不夠快，卻從來沒想過爲什麼小精靈會被鬼魂追上？小精靈跟鬼魂行進之間的關係是什麼？是不是有一些特殊路線的可能？

每天放學後，我幾乎都會去玩，等同於不斷花錢去練習，繳學費。我以圖形方式背下各回合該走的路線，不過要走得很順，眞是不容易。反覆練習後，仍無法完全破解，因爲背得還不夠多，走到愈後面，小精靈和鬼魂行進及出現的速度都會快到讓我跟不上，我也只好放棄一路破關到底的機會了。

要用自己賺的錢遊樂

我心不在課業，滿腦子想的事情跟大多數一心準備聯考的同學大不同。慶幸的是，我在國中時期遇到了非常多的好老師。其中影響我最深的是全校公認最兇的老師，是帶我三年的班導：胡天爵。

胡老師告訴我們，不可以打電動玩具，但他的理由並不是說打電玩會影響課業成績。他說，「因爲錢不是你們自己賺的。」他的這句話，我完全聽進去、吃進腦袋裡。既然老師說，不可以拿父母辛苦賺的錢去打電玩，那我自己賺不就行了？我找到解方了！所以放假期間，恰巧母親的朋友提供了一個打工機會，雖然我是國中生，還是開心地跑去賺錢，目的就是要用自己賺的錢打電玩。

當假期結束，胡老師就問全班同學，「放假期間，有打電動玩具的人站起來。」其實即使有打，不承認也沒人知道。但我總覺得，胡老師有點神祕感，神通廣大，來無影去無蹤，說不定當我正專心在打電玩時，很可能早就被他在遙遠的某處看得一清二楚。於是，我就誠實地站起來。包括我在內，當時站起來的，好像才五個人。

我心想，一定有很多人說謊，否則怎麼會站起來的人這麼少。胡老師也沒多說什麼，只是把我們五人叫過去。站在老師面前，我告訴老師，「我用的是自己賺的錢。」他直接就說，「哦！那就不罰你。」當下，我覺得這位老師好講道理哦！說的跟做的是一致標準。雖然這只是一件小事，對我的價值觀養成、對自己與看待他人言行的態度，卻有著很深的影響，而且是一輩子。

我骨子裡還潛藏著一股對威權的抗拒。讀高中時台灣還是戒嚴時期，當時李敖寫的書被列爲禁書，但我就偏偏要找來讀；師長說不可以、不可能的事，我都會問：爲什麼不可能？爲什麼不可以？或者，試著去找出可能。

高一時候，班導師規定我們班要比學校設定的到校時間提早十五分鐘到。我當時是班長，就帶頭跟全班同學討論，還發明了一種說法，去強調不必遵守班導師設立的規則，質疑其正當性：「子法怎可以凌駕在母法之上？」並試圖發動全班同學向導師投下反對票。

到了高三的三民主義這門課，我不知道哪根筋又不對了，突然發現課本裡寫到先總統 蔣公說話的篇幅竟比國父 孫中山先生的還多。我就舉手問老師：「我們不是在讀三民主義嗎？明明是國父寫的，爲什麼課本裡蔣公講的話比國父多？」

考上台大經濟系，以我這種愛挑戰權威、不服威權的個性，有點理所當然好像會去加入當時風起雲湧的學運或偏向社運性質的社團，但當時我深陷賭博電玩，原本所抗拒的威權、在乎的公平正義，已經離我遠去，在我心中，賭博已成爲唯一！

賭博電玩玩掉的大學生涯

五光十色的賭博電玩店好吸引人，
水果盤、麻將台，21點，跑馬……機台遊戲充滿刺激，
彷彿都在向我發出熱情邀請……

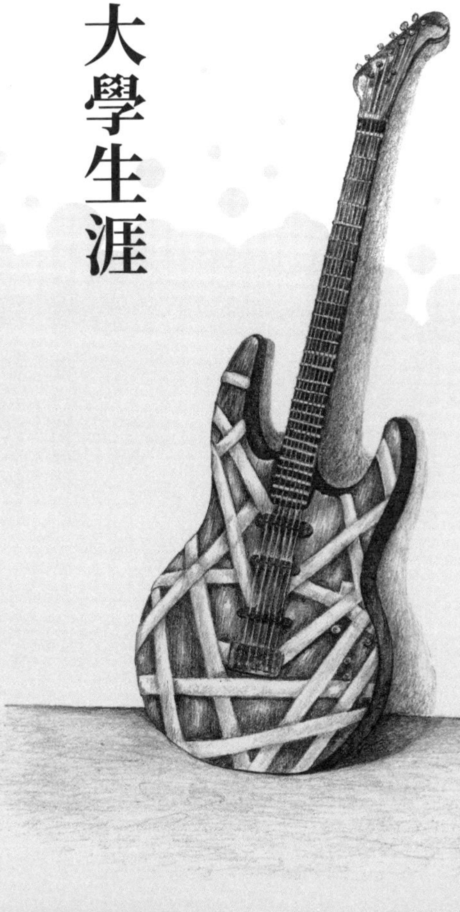

從十歲起，我就開始打麻將，那是家人親友聚在一起的年節消遣，與賭博無關，甚至淵源於家庭教育，我都認爲那是與家人交流、聯繫情感的重要一環。要說我眞正的賭徒生涯，其實是從大學時期開始的。

一九八〇年代後期，台北街頭到處都有賭博電玩店，五光十色，我覺得好吸引人，自然而然就走進去了。剛開始只是新鮮好奇，水果盤、麻將台……機台遊戲充滿刺激，也彷彿都在向我發出熱情邀請……慢慢地，我愈陷愈深，一步步踏進了我的黑暗深淵。

別人一個便當四十元，我花四千元

我在大一時是班代，熱衷玩 band、積極參與社團與學校活動，也是籃球系隊，但因爲電玩愈打愈兇，相繼離開團體活動，大二之後的大學生活，我就幾乎沒有記憶了。因爲除了賭博，就都在拚命打工或當家教。而無論是打工或家教，所做的一切，都只是爲了賺錢打賭博電玩。

當時，教家教比打工好賺，英文、數學我都教，因爲我這兩科的大學聯考成績還不錯。不過在家教方面，我也有些荒腔走板。只因爲想賺更多錢，尤其有時錢周轉不過來，我會向家教家長預支薪水。甚至曾經跟家長談，如果我能讓小孩成績考得很好，家教費可不可以再提高一些？大二以後，我的生活就是被賭博推著走，被賭債追著跑，所以只要可以多賺一點錢，我就盡一切可能拚拚看！

大多數人對於努力賺來的錢，通常不會隨意花掉。但是，我認眞賺來的錢也都輕易地花在賭博電玩上了。我每天待在電玩店的時間，遠遠超過在學校上課的時間，到底上過什麼課，學到什麼內容知識，我沒有什麼印象。

我常常是從晚上玩到早上，玩到整個人幾乎呆滯無神，玩到精疲力竭才甘願起身走人。而且我是天天到賭博電玩店報到，好像癮頭發作似的，時間到了，就會被一股不知名的力量召喚、牽引，不自覺就走了進去；走進去之後，先換錢、開分，然後就開始沉浸其中。有的電玩店還會提供便當。我經常自嘲，爲了去吃一個便當，花掉好幾千塊。

那時候一個便當大概四十元，我卻是花了四千元買一個便當。

賭博電玩店，可以說就是各種賭博形式的縮小版：21點、跑馬、拉霸、輪盤……等等，店內遊戲機台種類衆多，爲了掩人耳目，有些店甚至是半拉下鐵門，但不影響熟門熟路的人進入。但是，賭博電玩店畢竟是不當場所，我也不希望被熟人或同學看到。每次要去哪家賭博電玩店，我都先仔細考量過，因爲盡量不想被認識的人看到或碰到。一到店門口，一定要迅雷不及掩耳般地閃進，才不會被注意到。

一走進店內，就宛如另一個世界了。如果按照下注金額的大小排序，麻將台的賭金比較小；水果盤金額稍微高一點；然後是21點，也就是Black Jack。規模較大的店，甚至還會有輪盤、跑馬。每一樣我都喜歡玩，玩得最起勁，也就是最嚴重的，就是Black Jack。

還記得Black Jack當時最高賭注，好像可以一路押到九九〇元（確切數字不太記得了）。我上大學的年代，九九〇元對一個學生來說不算小數字，大約可以是一個星期的伙食費了。這對我來說不是問題，只要可以玩，我會找到辦法解決。尤其，以爲機會來的時候，滿懷希望按下 double 鍵，以為就要樂翻天。但結果卻時常是，瞬間就從興奮跌落失望谷底。

每一次去賭博電玩，一個晚上或一段時間的輸贏，大約都是幾千塊，但有時甚至會誇張地輸到一萬元。當時我的家教時薪大約是五〇〇元，相較於他人算是高的。押一次 Black Jack 的九九〇元，至少要上兩堂課。而我每天平均至少都是幾千塊輸贏，有時候還不見得是一個晚上，可能短短一小時就輸了好幾千。

迷失在人生的十字路口上

如同很多有毒癮的人，大多是在逃避現實，刻意麻痺自己。賭博也是，我不知道自己是在逃避什麼或麻痺什麼；或許是因為看到同是台大的很多同學都在安排出國、在計畫未來，而我對這些都沒興趣。可以努力、該努力的，我都不努力，沒有任何事能引發我更多的熱情，只一味把自己投入賭博的刺激感之中。更可悲的是，即使清楚意識到自己沉迷賭博，但已經陷入漩渦，走不出來了；黑洞般的賭博癮頭，大口吞噬掉了我對自己未來的希望。

我的一個經濟系同學，也是高中同班同學。他知道我打賭博電玩，默默觀察了我好一陣子。後來他就問我，「你很奇怪，贏了不走，輸了也不走，你到底要幹嘛？」我啞口無言，因爲自己從沒想過爲什麼贏了不走，輸了也不走？最後會走，都是因爲輸光了，不得不走。

爲了遮掩自己的賭博行爲、爲了賭債借錢，我還必須不斷編造謊言，帶出許多負面的自己，人際關係愈來愈差。我同學應該都覺得我完蛋、沒救了！尤其跟我同在樂團的附中同學，眼看著我從昔日的風光活躍到墮落沉淪……也因爲我流連在賭博電玩店，跟同學們的距離也愈來愈遠，愈來愈格格不入。我的朋友變成電玩店裡三教九流的另一族群，共同的話題就是賭博。

有一種提款機叫親友？

事實上，每個沉迷在賭博電玩的人都很清楚，不可能會贏的，但就是上了癮，即使明知道會輸，還是無法自拔地持續玩下去。沒有錢玩或欠了債，怎麼辦？除了拚命去接家教，我也會去找不太會打麻將的朋友打麻將，贏些錢來貼補。

我不敢告訴家人欠錢的事，但他們心裡頭大概都有數，因爲都知道我喜歡打電玩。我有三個舅舅，小學三年級時教我玩梭哈的，是大舅。大學時期，我有段時間住在外婆家，因爲離學校近。在那段被錢追著跑的日子，三個舅舅在跟我打麻將時，常常刻意放水，讓我贏些錢，尤其是二舅；他是軍人退伍，而且理財理得還不錯。只要是二舅坐到我的上家，就是我大發利市的時候：我放他的炮（打出一張牌後，有人可以糊牌），他卻不糊我（不想讓我輸錢）。他還會刻意餵我牌吃，讓我很快就「聽」（表示再湊一張即可成功糊牌）；只要他跟我同桌，就盡量讓我連莊。而當我連莊時，他不但不防守我，還繼續餵我牌。當時我只是開心，沒多想。日後回想，才意識到他是故意的。二舅知道我欠錢，但不會直接說「這些錢你拿去」，而是常找我打牌，讓我十賭九贏。

從舅舅們贏來的錢還不夠，我還是得跟一些朋友借錢，包括高中同學、大學外系的朋友，反而較少跟大學同班同學借，因爲不常去上課，跟班上同學都不太熟。總之，身邊熟識的朋友幾乎都被我借過錢。借這個補那個、借那個補另一個——可能先跟A借兩萬，再跟B借四萬，然後先還A兩萬，還剩兩萬可以繼續賭；隔一陣子再回頭再跟A借三萬……循環式地挖東牆補西牆。借來借去，債主最多的時候，大概有十幾人。

要向人借錢，還不能直接說是因爲我打賭博電玩輸了很多錢，常常必須絞盡腦汁找理由。當時我家人都已經移民美國，我最常用的理由之一就是：要繳學費或房租、生活費，但家人都在國外，還沒有寄錢給我——家人不在身邊，是一個絕佳藉口。

但是，我有借必還，而且，向同一人至多借三次。我自己很清楚，被我借過錢的人，心裡恐怕多少都會有些疙瘩，可能也會想著：「哪天是不是又會來借錢？」從高中到大一，我算是活躍的校園風雲人物，朋友很多。但因爲沉溺賭博電玩，因爲借錢，漸漸，朋友變少了，最後就沒有朋友了。我的借錢行徑，同學之間一定也會傳開，「劉駿豪可能也會跟你借，要小心哦！」

壓力最大，將近走投無路的時候，我甚至還誇張地動過搶銀行的念頭！該怎麼做，其實也不知道，所以也僅只是個荒謬想法。但爲什麼會有這種壞的思想呢？就是覺得必須很快得到一筆很大很大的錢，才足以解決我嚴重的財務問題。

到了大四，除了必修學分外，已經沒什麼課要上了。當時我是台大學生會的公關部長，所以辦了很多活動，包括：椰林大道舞會、世界地球日演唱會、反毒舞會……每場活動都可以拿到燈光音響公司給的獎金，所以能夠接到任何場次，都是我額外收入的來源。其實我每天在盤算著的，就是如何賺錢、如何能有更多的錢打賭博電玩。但我掩飾得很好，畢竟，沒有人會覺得賭博是好事；會賭博，肯定就是壞學生形象，這會讓我感到羞恥。

大學快畢業的時候，爲還賭債所借的錢也愈累積愈多，總計大概近一百萬。最後實在沒辦法了，不得不只好跟我媽媽求援。我媽雖然知道我愛打電玩，卻沒想到我癮頭這麼重。可能叨唸了幾句，媽媽還是幫我清掉這百萬賭債。

就像從小打麻將，我玩賭博電玩，並不是爲了贏錢，因爲我根本不缺錢。如果說只是爲了好玩，我又常常玩一回，就覺得不好玩了。因爲對我，遊戲要同時符合兩項要素，第一要有挑戰（可以動腦），第二要不能感到重複和無聊（必須有趣），我才會全心投入，而且享受。

那我爲何會在既沒挑戰性，又不斷出現重複畫面與場景的賭博電玩流連忘返呢？表示我進入了一個可怕的牢籠。

因爲有人打麻將可以玩幾天幾夜，或打麻將最少要來個十六圈，我卻認爲八圈就夠久，十二圈，其實我就已經不耐煩。畢竟找人一起打麻將太耗時了。但後來在賭博電玩間的水果盤，我卻時常插根牙籤，這邊插一台、那邊插一台——用牙籤代替手指頭卡鍵盤，連按都懶得按，讓機台自己跑！自己無意識地望著一幕幕單調的各種圖案，像發呆，也像行屍走肉，在沒有希望的電玩間摧殘自我。

國中、高中時代愛打一般射擊型電玩，純粹是覺得好玩，很享受那種得高分的快感。上了大學，開始出現賭博電玩，我就沉迷了，眞的就開啟了我的賭博之路了。也因爲沉迷賭博，我的大學生活完全走了調。我還唸了大五。因爲在大四那一年，我滿腦袋想多做些工作來賺錢，也因此，爲了讓自己可以多一年空檔多賺一點錢，不但故意讓體育課被當，連已經重修好幾次的微積分也懶得去考試而再次被當，所以延遲一年才畢業，這在當時是件非常丟臉的事，但似乎已顧不了這麼多了！

在許多人眼中，我本來是屬於人生勝利組的一方，我卻自己搞砸了這一切！沉迷在賭博電玩，讓我的大學生涯完全脫序，成爲一段道地的荒唐史。

走進拉斯維加斯

我喜歡玩輪盤，因爲輪盤轉動速度極快，看著小球疾速地在號碼格間跳躍滾動，瞬息萬變，心跳、呼吸也隨之加速。

廿七歲我人生第一次出國，是到美國探望住在舊金山的家人。未服兵役前我不能出國，當然不可能有機會見識眞正的賭場。學生時代我流連忘返的賭博電玩店，其實只是賭場的迷你翻版，我眞正想進去一試身手的地方，是賭場。現在來到了美國，當然不能錯過。

距離舊金山只有幾小時車程，位在內華達州北部，號稱「世界上最大的小城市」：雷諾（Reno），一座小賭城。現在在我眼前了。雖說是小賭城，但果眞眼界大開，簡直人間天堂！世界上怎麼會有這麼美妙的地方?!那年代的台灣，還沒有現今那種隨處可見建築新穎、各具特色的百貨商場，更別論所謂豪華的星級飯店。

我一進到那家飯店型賭場，還眞有點像劉姥姥進大觀園似的，處處感到驚奇，各樣美侖美奐的漂亮餐廳，各種從未見過的賭桌，一切令人興奮，覺得美到難以想像！覺得全世界不可能有比這裡更棒的地方了，我甚至想著，如果可以天天住在這裡該有多好！

陪著我一起去的太太（當時還是女朋友）卻說，雷諾這地方小，賭場也沒多漂亮，拉斯維加斯到處都有比這裡更大、更漂亮的飯店和賭場。這是太太第二次到美國，她早就見識過拉斯維加斯的魅力。而第一次到美國的我，初次被小小賭城的絢麗打開眼界，一心覺得雷諾就夠讚了！

拉斯維加斯初體驗

第一次去拉斯維加斯，距今已廿幾年。但那一次初來乍到拉斯維加斯的驚豔記憶，印象之深刻，至今仍歷歷在目：當飛機即將降落拉斯維加斯機場，全機上的旅客似乎也都跟我一樣，興奮難耐；不管認識或不認識，一雙雙閃爍著希望光芒的眼神裡，滿溢著鼓舞與笑意。如果不是因爲繫著安全帶，每個人可能都會從座位跳起來擊掌擁抱，一副「我們就要贏翻了！」幾乎可以聽到每個人心裡吹響著最宏亮的勝利號角！

下了飛機，一踏進機場甬道，隨處可見拉霸機台。人未眞正踏入拉斯維加斯，情緒就隨著一部部拉霸機台的出現，愈來愈亢奮，內心澎湃高昂，腳步似乎也不知不覺隨之輕盈加速。

我簡直陷入瘋狂！果眞如太太所說，我之前以爲人間天堂的雷諾眞是小巫見大巫。通往市中心的拉斯維加斯大道（Las Vegas Boulevard），分列兩側的，都是全球最大、最豪奢的酒店、賭場、秀場、餐飲；每家飯店也使盡渾身解數，以各具特點的吸睛主題，緊緊抓住遊客的目光。

拉斯維加斯大道從南到北，著名酒店，我住過好幾家、賭場進出也無數回。有一次在曼德勒灣酒店，據說他們的 buffet 便宜又好吃，絕不能錯過。但是，我吃起來卻沒有什麼特別感覺。問題不在餐點，而是我自己草草了事。巴黎酒店的艾菲爾鐵塔，對我而言，也僅止於漂亮而已；百樂宮酒店前的噴泉水舞，我好像也只看了幾分鐘就沒有太大興趣。正如第一次陪著我到拉斯維加斯去的叔叔所說，不管到什麼地方、什麼賭場，我只在乎那三尺見方——他口中的「三尺見方」，指的就是賭桌。的確，當時我只對賭桌有興趣，也一心只想著賭桌。

有一次則是美高梅酒店大幅裝修後重新開幕，我卻從 check in 到 check out，完全沒進到房間休息片刻，而是迫不急待直奔賭場，要爭取的是賭桌上的分分秒秒，酒店房間的裝潢有多漂亮，我完全不在乎；連床都捨不得多躺一下了，怎會去注意這些小細節?!很多人說拉斯維加斯夜景有多美，我也只是在飛機上一閃而過的瞬間印象而已。我心心念念，是要在賭場玩到夠深入，一家換一家地賭，要一直玩一直玩一直玩。我吃東西很快，也不想睡覺，因爲這對我來說都是浪費時間。

在拉斯維加斯大道，我會從南端一路玩到最北端，或從北端酒店玩到南端。現在回想，也想不出每家賭場有什麼差異。倒是都有一個共同點，所有賭場裡，絕對看不到時鐘，也全都是人工照明，因爲賭場不靠對外的採光。一進入、沉浸賭場內，就完全不存在時間感，沒有過去，沒有未來，就只有此刻。雖偶爾心中難免也會閃過一絲念頭：萬一輸光了，明天怎麼辦？——但是，明天還早，先豁出去了再說吧。

睇牌

流連賭場多年，我最主要玩的就是三種遊戲：21點、百家樂、輪盤。曾經風行一時以賭博爲背景的港片裡，片中主角時常跟旁人提到的莊贏或閒贏的遊戲，就是百家樂（baccarat）。

百家樂基本上是一個猜測誰贏的遊戲，全憑個人心理判斷或感覺，因爲不是莊家贏就是閒家贏（當然偶爾會出現和局），參與其中的人就算猜錯，也容易覺得自己剛剛曾經想過對的答案，所以讓許多人著迷不已。而且這個賭博遊戲簡單易入手，即使是初學者，說不定單靠運氣也可以贏好幾次，尤其是跟著一群人一起猜，會有集體作戰求勝的歸屬感和歡樂感，所以極受歡迎。以前在澳門，會看到許多菜籃族大媽會從香港坐船過來，在百家樂賭桌邊看了幾局之後，也會出手跟著下注。要是運氣好猜對了，就賺到買菜錢了。

在澳門玩百家樂，我覺得最有趣的，就是「睇牌」——dealer（荷官）將補的牌給檯桌上押注最大的玩家看，我非常喜歡擔任這個角色，所以時常必須押得大一點。也像電影畫面裡一樣，我不會立刻將牌面完全掀開，而是慢慢地、慢慢地將牌從側面翻開一點點。瞇牌其實無法改變結果，但在緩慢掀開牌面的既短又長的瞬間，有一種心驚膽顫、屏息以待的緊張刺激。

在澳門喜歡玩百家樂的人，經常會在瞇牌過程，希望能將不想要的多餘點數「吹」掉（廣東話），或者期待的點數能「頂」住，不要跑掉了。吹或頂，也就成爲百家樂遊戲的專用名詞了。

但在美國玩百家樂，多數人都不瞇牌，所以就少了許多樂趣。在美國賭場比較風行的是21點，也就是Black Jack。好萊塢的賭博電影也大多以21點爲主題，《決勝21點》就是經典代表，劇情描述一九九〇年代，麻省理工學院裡「21點社團（MIT Blackjack Team）」幾個絕頂聰明的學生，藉由心算、記憶力，以「賺到美金幾十萬就收手」爲目標，進攻拉斯維加斯。但在紙醉金迷的賭城裡，豪賭所帶來的暴利與快感，很快就讓這幾個年輕人的初衷拋諸腦後……

唯一可以玩家同樂的21點

21點是唯一對莊家有所限制的遊戲，也就是莊家的點數一定要補到17點，玩家則沒有限制，甚至可以完全不補任何牌。因此莊家兩張牌的總和在16點以下時，全場會屏息期待莊家補到一張大牌，讓點數超過21點（爆牌），此時，就必須賠給之前還未爆牌的每一個玩家。

因爲遊戲對莊家有限制，讓21點看起來似乎對玩家較有利。所以在賭場裡，幾乎每張21點檯桌都坐滿玩家。但我有時不喜歡21點的原因是它很容易受到坐在旁邊玩家的影響。因爲在賭桌上，dealer是以順時鐘方向詢問每位玩家是否要補牌，若我的前一家多要了一張牌，很可能我所需要的一張牌就被補掉了。爲了不受影響，我喜歡找張沒人玩的檯子我再一人分飾三角，也就是左右兩側都押注，但都是小注，居中的我才是主注。兩個分身都輸也無所謂，只要我的主注贏了就好。這才是我最喜歡的21點玩法，這樣比較可以自己掌控局面，而不是被左右兩邊亂要牌的人擾亂牌局。但何謂亂要牌呢？其實不過是我的主觀意識作祟罷了。

簡單說，21點的規則就是先爆先輸，而且每個玩家每一次的要牌，都會影響下一個玩家，以及最後的結果。整個過程充滿不確定，每個人滿腦子只有紛飛的數字、揣摩和猜想，以及等待到最後莊家掀牌和補牌，若是莊家補到爆，必須賠給每個人的時候，全桌賭客都會非常興奮。常常看到有人彼此擊掌慶祝，那就是莊家爆了的時候。玩家可以一起贏、一起同樂，或許就是21點吸引人的地方吧。

與心跳同步的輪盤小球

賭場裡最讓我沉迷的，就是輪盤。每次進出賭場，贏最多或輸最多，都跟輪盤有關係。

輪盤（Roulette），輪盤內的號碼從0到36——有些輪盤還多了一格「00」，所以有37或38個號碼之分。輪盤上的號碼排列並非依照1、2、3、4、5……順序排列。每個格子底色以紅、黑兩色相間，只有0、00是綠色底。

當dealer開始轉動輪盤並逆著輪盤轉動方向拋出象牙小白球時，玩家開始快速地在各種數字或格線上押注。由於押注的時間很有限，腦中必須先想好各式組合，當輪盤轉動了好幾十圈，轉速逐漸變慢時，dealer會讓全場停止下注。

我習慣押黑色格子，不是我偏好黑色，而是我喜歡的號碼大多在黑色格內。有時候也會押其他號碼，不爲什麼，純粹就是直覺或自己想像了一種號碼套路。

我喜歡玩輪盤，因爲輪盤轉動速度極快，看著小球最後疾速地在號碼格間跳躍滾動，瞬息萬變，心跳、呼吸也都會隨之加速。就是這種刺激與不確定性，讓我難以抗拒。有一次跟太太去香港，逛街時，看到一個跟賭場一模一樣規格的輪盤。我差點兒就將它買回家了。因爲我總認爲，每種遊戲一定都存在某種規律，可能是人爲因素，也可能是某種順序。如果能放個輪盤在家，每天鑽研，說不定就能找出輪盤的破解之道啊！

我的競技場，他們的遊樂場

在拉斯維加斯，我還發現了一種與澳門賭場截然不同的氛圍——在澳門賭場內，大家都好像拚死拚活在廝殺、拚輸贏。但在拉斯維加斯的西方人，大多是抱持著玩樂的心情，將賭博當作是一種娛樂、一種放鬆方式，所以會聽到他們經常開懷地大笑，贏了錢，幾個朋友就一起擊掌歡呼。相對的，他們多數人下的賭注也不會太高，純粹就是玩一玩，就像一個輕鬆愉快的假期活動。他們會在賭桌上跟鄰座的人聊天、交流，把酒言歡。

在美國已經過世的奶奶曾經告訴我，他們時常是一群老先生、老太太相互招呼著一起坐上灰狗巴士，專程到賭城一遊。對他們來說，到賭城很開心，既可以玩一玩拉霸、喝喝飲料、品嚐美食，還可以到處觀光，是超級划算的旅遊，他們總是樂在其中。

對他們來說，拉斯維加斯迷人的，不只是外觀景致的漂亮，還有一個莫名的歡樂氛圍。特別是在美國賭場獨有的 CRAPS，這是在一個事先印好各種號碼格的檯子上所進行的一種擲骰子遊戲，圍繞邊上的玩家們持續喊出自己要投注的項目，所以同時會有多位dealer一起協助玩家投注，這個玩法算是比較複雜，我也花了點時間才弄懂，它只使用兩顆骰子，如果擲骰的人一開始擲出7或11點，就算贏。如果擲出2、3或12點，就是輸，擲到其他點數就有續擲的各種複雜規則。但因爲從它的玩法、玩家們加上好幾位dealer，圍了一圈的人們一個喊、一個複述、再一個堆籌碼，美國人只要聚在這檯子前馬上熱鬧滾滾，骰子一丟出氣氛就很嗨，即使輸了也沒有人垂頭喪氣，就像我們在好萊塢電影中看到的，笑聲伴和著歡呼笑鬧的愉悅景象！常常連遠處正在拚搏賭輸贏的我們都可以感染到他們發自內心的歡喜！那種快樂並不在於贏了多少，純粹就是玩得開心！

坦白說，我內心對他們這種小賭怡情的歡愉態度有相當程度羨慕。但明知道這種心態很好，自己卻做不到，即使我志不在贏錢，卻因太享受輸贏過程中的起伏刺激，而無法像許多美國人一樣，那麼的輕鬆自在。

但是，賭博肯定是輸的時候居多。所以在拉斯維加斯機場常見兩樣情：出境跟入境時的截然不同——入境時，心中滿滿雀躍與希望；出境時，一整臉惆悵與失落；入境時勝利在望的輕快腳步，出境時，大多也被沉重的步伐取代了。

颱風天出航，不要命也要賭

郵輪上一間最便宜的艙房，

沒有窗戶，看不到大海與外面景色，分不清白天或黑夜的內艙房，

比學生住的青年旅館更爲簡陋；但身上預備的賭金其實超過百萬元……

賭博到最後就是一種癮頭。一旦上了癮，就跟菸癮、酒癮、毒癮一樣，像是會被一根無形繩索繫縛著，身不由己。也像有人每天早上一定要喝一杯冰美式，腦袋才會清醒；有人時不時要開 email，才會感到心安；也有人時不時就要看一下手機，看看有無新留言——即使內心很討厭自己的這種行為，矛盾的是，還是會不由自主去做。

一九九六年政府開始掃蕩賭博電玩以後，我就不敢在台灣賭博了，因為怕被抓，只好忍住。但一旦癮頭發作，就像有千萬隻螞蟻在身體裡、腦袋裡爬來爬去，坐立難安……最快速、最立即的救急解方，就是就近到基隆港搭郵輪解癮。

賭場在台灣是非法場所，但郵輪航行在公海上，不受台灣的法律規範，所以在裡面的賭場玩不算違法。雖然郵輪上的賭場規模不算大，各種賭博遊戲卻是應有盡有。各種遊戲玩一玩，即使只是十幾小時，就足以解一解癮頭了。

滔天駭浪還是要賭

有一天，我的賭癮又蠢蠢欲動了。偏偏那天是颱風天，氣象預告有很大的颱風。但什麼都擋不住我滿腦子想去賭一把的衝動。不管外頭的風雨有多大，我一定要衝去郵輪賭博。

海象不佳的颱風天，滔天巨浪翻騰的海面上，即使是偌大郵輪，船身仍會劇烈搖晃。坐在輪盤前，我整個人都快被甩出座椅了，dealer 拋出的那顆小白球也早已不在輪盤軌道上正常滾動。但看著小球在輪盤內圈飄過來晃過去，更讓人捉摸不定。

那次颱風的強度其實已經到達船隻能否出海的臨界點，多數賭客沒有參加這個航次，但賭癮正發作的我，已沒有理智可言，根本沒考慮到萬一船隻翻覆的可能與危險，一心一意只想去賭。坦白說，在船身擺盪不定的狀態下賭博，身心都很不舒服，整個腸胃隨著身體被搖晃得幾乎都要吐了。

我上麗星郵輪解癮不計其數。有時候自己去，有時候帶著太太一起。當年郵輪通常有三種行程，其中一種是不靠岸點，也就是不下船，我都只參加這種公海行程，而且只訂便宜的艙房，因爲我只是要賭，根本就不睡覺。

最早帶我認識郵輪賭場的人，是一位前輩。我大學畢業之前，曾跟那位前輩工作過一段時間。他常帶著我做些很脫軌的事情，其中最常做的，就是打棒球電玩遊戲。那是一般在家裡面連接電視的遊樂器電玩，我們卻拿它來賭博。這位前輩賭很多，也賭很大。他也用象棋來賭博，他告訴我，下一盤賭注是五千或一萬，讓我大開眼界。

有一次在郵輪上，是這位前輩以他的會員身分換了一間最便宜的艙房，也就是沒有窗戶，看不到大海與外面景色，分不清白天或黑夜的內艙房，比學生住的青年旅館更爲簡陋；而且房間是我們兩對夫妻一起住，擁擠不堪，很不舒適。其實當天我和那位長輩身上所預備的賭金，肯定超過百萬元，而且用籌碼換到的會員點數根本也用不完，卻在艙房選擇上找了最基本款。這樣的出遊模式，不顧一起出遊的伴侶們感受，也只有賭徒才做得出來吧？現在回頭想，當時眞是一種病態。

賭博眞的有這麼大樂趣嗎？寧可不要命也要賭？坦白說，我自己也很懷疑。但在癮頭發作時，整個人就如失心瘋般，無可理喻。甚至，癮頭沒有被滿足，還會怪東怪西；就像打麻將時，當手氣一直不順，就會出現各式各樣理由：有人突然跑去上廁所，「害我的氣被打斷了……」、有人手機響得太大聲，「讓我的氣被亂掉了……」賭徒自己也一樣狀況連連，「明明要出門了，突然被耽擱，讓我進場的時機不對……」

一次次穿越賭場的倖存之旅

每個染上賭博這個癮頭的人，緣由不一，症狀卻一致。我爲什麼會賭博成癮呢？對外，我的冠冕堂皇說法是：這是我釋放巨大工作壓力的方式。我也會對太太說，我又不是機器人，我不可能永遠上班，不可能一直都能保持樂觀高昂的工作情緒，我總要找一個休閒的方式吧?!

但賭博眞是我紓解壓力、休閒放鬆的方式嗎？以賭博當休閒？眞實是，這些純粹是藉口，就只是一種逃避，表面上是最簡單的方式，因爲一進賭場就可以開始玩，完全不需要預先做功課、不需要任何準備。唯一需要的，就是錢跟時間，但回到現實生活，一切都沒有改變，只可能賭債數字又增加了。

「十賭九輸」、「久賭必輸」，大概是最常被用來勸人戒賭的提醒。這可不只是勸世警語，從我沉溺超過廿年的賭徒人生經驗，清楚知道，這些話都是眞實不虛，不只是教條而已。

我討厭說教，更討厭聽人說教。但古往今來，這麼多人的經驗累積，的確十賭就是九輸，千萬不要當耳邊風，或去挑戰這種可能性。賭場的口袋永遠比賭徒的深且大。而且賭場本身沒有情緒，然而不可能有所謂理性的賭徒，眞有理性的話，就不可能去賭博了。理性的人會老老實實做好自己的本業，不會走偏門，不會想一夕致富，不會貪圖快錢。賭博期待的就是某種不勞而獲，就跟買彩劵一樣，希望瞬間致富，但這樣的幸運兒少之又少，最後結局也通常不是幸福快樂。

因爲，無論是賭博或買彩劵贏來的錢，也就是純靠運氣得來的錢，比較不被珍惜。

但輸掉的，卻是確確實實輸掉了，必須從口袋一把一把掏出去。即使贏的次數比輸的次數多，也只是一個過程，不是結果；離場時候贏才算贏。

但賭博的人，贏的時候爲什麼大多不會收手離場？這種心態通常是，反正我已經贏了，即使下一輪輪掉了，也沒輸啊，我只是把贏來的輸掉而已。這其實是自欺欺人。所以賭徒在贏的狀態下，更容易有恃無恐地亂玩。

輸贏之間，停損和停利都很難——輸的時候之所以不願走，因爲心想著，如果現在停手，輸掉的就永遠扳不回來了！所以打麻將輸的人總要「上訴」（再打四圈），而在賭場輸的人則很可能會用卡片借錢再賭。贏的時候，當然更不願走，即使運勢開始下滑，還是認爲自己贏錢了，不會意識到其實已經在賠錢了。

賭徒心態大致就是如此，這也正是我的切身經驗。即使是一個自以爲冷靜的賭徒都必須隨時調整心態——假設我帶了五十萬本金，贏到八十萬的時候，就要把這八十萬當成原本帶的錢，以八十萬爲本錢。但是，大多數賭徒只會記得多的三十萬是贏來的。

從小在家打麻將時，常聽我媽會說，「哎呀，我今天贏了五千塊，就給他吃紅一千。」其實，以類似這種豪爽性格，賭久了穩輸，因爲如果每個人輸贏機率均等的話，光給吃紅的錢，就賠定了，就算不給人吃紅，也因爲固定的抽頭而讓人必定產生損失。

回首我自己的賭博之路，最慶幸的一點是，我只跟銀行借過錢，從不曾在賭場用護照借錢。我們也看過有賭徒向錢莊借錢，下場大多就是完蛋。所以說，賭歸賭，我依然存有最後理智的底線。

既然是賭，當然就想贏，所以很多人也總認爲，賭徒就是愛錢，想藉賭大賺一把。但是對我來說，賭博比較像是一場跟自己的比賽。但到底在比賽什麼？我也說不清楚。尤其奇妙的是，在我超過廿年的賭癮人生裡，反而是我物質欲望最少的時候。因爲我的心根本不在物欲上，至少對我而言，賭博跟賺錢是無關的兩回事。

過去，即使贏了很多錢，太太或我都不會有買名牌包之類的消費。因爲我心裡有個理論：買名牌包是穩輸的；拿買包的錢來賭，說不定還有贏的機會。太太也問過我，贏錢時爲什麼不拿一些錢來享受？譬如買禮物送自己？我從沒有過這念頭，也沒這興趣。太太常笑說，在我戒賭之前，我們眞的好像瞎子，出國旅遊，眼中除了賭場，卻什麼都沒看到，自然絕景視而不見，就像睜著眼的瞎子，豪奢酒店裡的佳餚美饌也是食而無味。

而我雖然愛賭，但我會把愛賭的癮全部掩藏在心裡。平日正常上下班，同事、朋友們看不到也感受不到我內心狂熱的賭性。我也不會因爲輸很多錢，回家或在辦公室大發脾氣、砸東西，或罵人、找人出氣。想賭的癮，渴望，即使已像火山即將迸裂爆發，我還是會盡力壓抑在心底，絕不影響到日常工作或生活。遇到假期，我才會放縱賭興。如果假期不長的話，就排除萬難，一個半月跑一次郵輪或澳門，多少解一下癮頭。

但是，賭博到最後，我已經從開發自己的數字、邏輯天賦，完全淪爲賭的囚徒，成爲一個爲賭而賭的「賭徒」了。

蘇比克灣驚魂

就在一次又一次開心贏錢的時候，
一群穿著西裝的彪形大漢朝我們的方向悄悄走了過來；
側邊站了兩位，另有兩位則站在我們身後。
危險訊號嗶嗶作響！

戒賭前，只要是出國玩，無論目的地是哪一國，我唯一會去的地方就是賭場。但那次在菲律賓蘇比克灣，還真是一次前所未有的賭場驚魂記！

蘇比克（Subic），緊鄰菲律賓首都馬尼拉，過去是美國第七艦隊駐紮的基地。燦爛陽光、綿延沙灘、湛藍海景，是一處吸引無數遊人的觀光勝地。但是對我來說，任何山光水色都吸引不了我，觀光酒店裡的賭場才是我的目標。

我來去菲律賓無數次。一來距離台灣近，很方便。更重要的是，在菲律賓，賭博是合法的。那次，一進到蘇比克灣酒店，稍作休息後，迫不急待就往賭場前進。我先從21點暖身，也試一下手氣。

賭場裡的內神通外鬼？

在21點牌桌上暖過身，當然就要轉戰到我最愛、變化也最多的輪盤了。那天，我們坐的檯子是一位女荷官。我自己也不知道爲什麼，天外飛來的靈感似的，竟然將籌碼都集中押在某幾個緊鄰的號碼。這種全押在某一區塊的玩法，在賭輪盤時比較罕見。直到現在，我自己也想不通當時腦袋到底在想什麼，怎會想到這種押法。

我這種奇特的玩法，荷官顯然都看在眼裡。幾輪過後，每當我開始又押某一區塊時，這位荷官就會暗示我說，「那個幾號呢？它的鄰居呢？」她甚至明示我押在哪些號碼，譬如：當我選了某個號碼，她就會鼓勵我說，何不乾脆把左左右右的號碼都一起押？我雖然有點狐疑，但也順水推舟，把緊挨著的幾個號碼全都押了注。不可思議的是，那顆神奇的小白球竟也就正好都會落到這個區塊內！超級開心！因爲每把都進了相同區塊，就好像荷官直接從輪盤切下一塊蛋糕似的，特別要讓我拿來享用。

玩了一會兒，我有點想要改變不同玩法，換個下注方式。荷官看到了，竟然用簡單的英文跟我說，「No！No！No！」當時我手氣正好，何況荷官都這麼熱情相挺了，我當然從善如流。果然，每把她都讓我贏錢。我不但贏了很多錢，而且是持續一直贏。因爲每一次都進球，而且我選押的號碼，是七個排在一起，所以贏的錢是押注的五倍以上。

我在輪盤贏來的籌碼之多，就像電影畫面裡，一堆堆籌碼是被推過來的。

依據我的經驗，連續多次小球都落在我押注的號碼上，這種機率實在太低了，幾乎是不可能。我心知肚明，應該是荷官刻意放水。但也想不透她是怎麼辦到的，因爲輪盤在轉動，小白球又朝著另一方向貼著輪盤的內圈快速旋轉，要落在相同區域，簡直難以相信。身爲一個賭徒，我的心態就是，不賺白不賺啊！當下沒多想，人在賭場，整個心思、腦袋，完全都在數字和籌碼上打轉，天塌下來，大概也不會管了。

贏了不該贏的錢

就這樣一次又一次押注，一次又一次地贏。玩興正旺時，突然，荷官先是用英文對我說了一個字眼。但賭場裡喧譁熱鬧，我又全神專注在輪盤上，一時間也沒聽懂她在講些什麼。看我沒反應，後來她就用台語講出了「紅包」一詞。這時我就聽懂了！原來，她是要我們準備一個大紅包給她。此時，發現有一位不認識的賭客坐到了我左邊，荷官暗示我，挪一疊籌碼給這位賭客。之後，每一把進球，我都會挪些許籌碼給左邊這位當地人。

這次在蘇比克灣，因爲荷官的暗中相助，我一路順風，贏了很多錢。陪在一旁的太太一直提醒，見好就要收，所以不斷催促我，「走了！走了！走了！」但是，除了我捨不得中斷正旺的手氣，緊接著發生的狀況，則讓我們身不由己！

就在我們一次又一次開心贏錢的時候，毫未察覺到，有一群穿著西裝的彪形大漢正朝我們的方向悄悄走了過來；側邊站了兩位，另有兩位則站在我們身後。就在此刻，我們也才注意到，荷官，以及站在荷官旁邊監看的兩個人都被換了；也就是我們這桌輪盤的荷官與監督者，突然換了一組新人馬。左邊那位當地賭客也突然不見了。雖然當時太太急忙著要離開，但我直覺，這時候我們恐怕無法一走了之了。況且，賭場就位在我們所住的酒店之中，想走，也走不出他們的掌控範圍。

心裡的危險訊號開始嗶嗶作響！我強裝鎮定，但很清楚，圍站在我們旁邊的這些人，都是賭場工作人員。這些人平常是不露臉的，一站出來，肯定有特殊狀況；一個個身著西裝、臉上沒有任何表情，完全就是電影裡的保鏢模樣。我還記得其中一個向我揮揮手，比了一個手勢，意思似乎是說，叫我繼續。

這時候，原本沉浸在爽快大贏中的我，興奮之情瞬間冷卻，意識到氣氛很詭異。荷官、監督者同時被換掉，我想，應該是賭場工作人員從他們的中央監視系統中，察看到這桌的狀況似乎不太對勁，懷疑荷官與我是否聯手作弊？

雖然我並沒有作弊意圖，但一開始就覺得原來那位荷官有問題的直覺是對的。而我現在要做的，就是要趕快把贏來的籌碼全部輸掉吐回；不輸光，可能連回酒店房間的機會都沒了。

從未有過的迫切危機感！當時，我出國到賭場的經驗已經不算少，卻是第一次遇到被穿著西裝的彪形大漢包圍，這景象，電影裡看過，但只有親身經歷才知道有多驚心動魄！也第一次這麼想快速把錢全輸回去！我開始把所有贏來的籌碼大把大把押下去，尤其每當荷官小球一拋，我心跳都不自覺加快，瞪大著雙眼緊盯著小球，期盼小球千萬不要掉進我所押的數字上！這跟平常在輪盤桌上，熱切祈求小球落定的心情完全相反。出於害怕，太太和我都驚恐萬分，知道必須把原先贏得的籌碼輸到一個都不剩，才能夠保命回家！

一輪又一輪，一把一把重注下押，終於，無條件投降式地輸光了。籌碼全輸光，那些西裝大漢也就離開了。生平第一次，發現輸光讓我感到這麼輕鬆愉快！而且，從此再也不去蘇比克灣了！

Mr. Morgan 奇遇記

當我在賭桌上玩得正開心時，突然被人拍了拍肩膀，問我有沒有空？抬頭看了一下拍我肩的人，胸口別的名牌上，標示的是賭場經理 Mr. Morgan。

鐵屁股，通常就是賭徒輸錢的主因。贏要衝，輸要縮，是有經驗的賭徒都知道的鐵則；也就是連輸幾回、勢頭不對的時候，就應該毅然站起來，去吃東西或回去睡個覺，先冷靜下來。可是，人通常是知道卻做不到，不服輸或下一輪就會扳回來的心態，總會驅使人繼續拗著、拗著、拗著，結果就是賠更多。

我向來也都自以爲是一個很理性的賭徒。我曾仔細觀察並分析過，如果你換了五千美金的籌碼，要贏一千美金並不難，也就是每桌贏百分之二十（20%）其實很簡單，只要下小注，再慢慢加碼，最後贏到一千眞的並不太難。但是，必須每次贏到目標，你就毫不眷戀地起身，換一桌，再從零開始，這樣肯定可以連贏很多桌。

我一直也都知道小而慢絕對是致勝心法，是必勝策略。可是我向來不願意這麼做，因爲太不夠刺激、太不好玩了。賭徒之所以是賭徒，就是非常人——明知道依照規則走就可以很順手，卻又都不願遵守。賭，就是在尋求刺激，規規矩矩，一桌一桌慢慢贏，不就像在打卡上班？尤其一旦贏了，心花怒放，就會更想放手奔馳地玩，然後就像脫韁野馬，完全掌控不住。

小而慢的致勝心法

從廿七歲可以出國開始，我每年都會出國很多次。說是出國，其實都是去賭場。每一趟，我通常會準備五十萬以上的現金，沒輸完，算幸運，還會有點賺到的感覺。

有一回，跟太太又到澳門，而這已經不知道是我們第幾次到澳門賭場了。但這次似乎手氣並不佳。離開的前一晚，我已經輸到只剩五萬台幣。有些不甘心，吃過晚餐後，我跟太太說，「你先回房間休息，再給我一段時間。」

決勝負的最後一夜，我知道，必須先調整自己的心態：我所有籌碼就只有五萬元，而不是已輸掉的幾十萬。因爲，如果我一直記掛著原本帶了多少錢，或者輸了多少錢，就心有罣礙，可能沒兩下子，僅剩的五萬也會輸光光。

調整好心態之後，再來就是設定策略：縮小賭注；也就是，我必須耐著性子，從小注下手，等累積更多籌碼後，再慢慢加碼。

對於太太口中「喜歡耍帥」的我來說，耐著性子押小注、慢慢加碼的賭法，是件很不容易的事。在澳門，我通常每押一把，至少都是一千港幣起手。但最後這一夜，我必須冷靜沉著，穩定而保守地下注，每一把只能下一千台幣左右。但既然是賭，運氣成分居多，我不一定每次都會猜對或算對，一定會有輸贏起伏。身上僅剩五萬元，就必須謹慎先想好一些技巧跟方法，先贏個兩萬，那麼，五萬就可以變七萬，再耐著性子將七萬變十萬，十萬可能就可以再變十五萬……我的目標很明確，唯一難的，就是要耐住性子——這正是我最大的罩門。

但我已經答應太太了，第二天早上——上飛機回台灣之前，我要讓五萬回到五十萬。我要在太太一覺醒來時，瀟灑地告訴她：「來！又變回五十萬了。」回復到我們原本帶來的數字，雖然沒有贏錢，至少也沒有輸錢，我就可以交差了。

五十萬雖不是大數字，但我只有十到十二個小時時間，要達到目標，就必須慢慢來、慢慢來、慢慢來、慢慢來……

那次在澳門的最後一夜，爲了一定要贏，我收起往常一起手就下大注的習慣，以了然於心卻難得運用的理性規則，耐著性子從小注慢慢押、慢慢押，也就眞的慢慢、慢慢、慢慢地達標。然後輾轉各桌、鏖戰了一整夜之後，終於就在太太睜開眼，跟她道早安時，交出了超過五十萬的「業績」，開心上飛機回台北！

賭場才是唯一的贏家

賭客有必勝絕招，但別忘了，賭場永遠比賭客聰明且精明，永遠走在賭客前面一步，賭客的所有心機，賭場早就看穿了。

有一次我們在拉斯維加斯當時裝潢得美輪美奐的一間酒店，我就用這個小而慢的必贏規則去玩21點，理性、平和地押注，慢慢玩，果然又奏效，玩得很順手。一直在贏錢，心情當然舒暢愉快。

不過，也讓這次在這間全新又漂亮的酒店賭場之行，成爲一次奇特的經歷，也才發現，賭場似乎不太喜歡賭客這種玩法。因爲當我在賭桌上玩得正開心時，突然被人拍了拍肩膀，問我有沒有空？抬頭看了一下這位拍我肩的人，胸口別的名牌上，標示的是賭場經理 Mr. Morgan。

他很禮貌地邀請我到一間 VIP 休息室。他先是讚賞說，我玩得不錯（you are a good player.），接著問我，有沒有帶護照？然後請人將我的護照拿去複印。他一直保持很友善、很禮貌的態度，但我卻明顯感覺到一股怪異氛圍。他繼續保持微笑說道，他覺得我玩得不錯、狀況也不錯，是不是常常賭？要不要賭場招待我們住宿？……這時，我心裡覺得很奇怪：賭場裡這麼多人，爲什麼偏偏找上我？爲什麼被特別關注？爲什麼賭場要招待我？……我並沒有因爲受到賭場經理 Mr. Morgan 的邀請而感到開心，反而如墜五里霧，搞不清楚究竟怎麼一回事而滿腦子問號。但我也開始明白，原來賭場一直在監控著每個賭客的一舉一動，每個賭客的行爲舉止都在賭場的掌握之中。

那次在這家賭場的心特別平靜，我完全是依照小而慢的這個必贏規則在玩。我想，Mr. Morgan 應該就是在賭場無所不在的監控螢幕中，看出了我照著規則，理性而冷靜地在玩著。我也的確玩得還不錯，玩得夠久，也一直在贏錢。在賭場內，通常玩得久了，就容易輸錢。但這次因爲我心平氣和地在玩，照規則走，所以雖然不是大贏，卻也一直在小贏。我清楚自己玩得很順，而那個順，並不是指贏很多錢，而是知道自己走在一個規則裡。

我的規則其實很單純，就只是控制籌碼大小，在莊家進入極順的期間，每把只押最小的籌碼，但當莊家容易補到爆牌的那幾把，將押注放大十到二十倍，以21點來說，是可以依照已經用掉的牌來估算可能性。不過，理性玩的結果就是：被賭場經理請到休息室「聊天」了。

Morgan 先生的出現到底是善意？還是警告意味？表面上看來，他的態度的確很友善；他當時還說，我們玩得這麼好，可以免費招待住宿。雖然被誇讚並受到禮遇，當我們從那個 VIP 室出來，卻彷彿被澆了盆冷水，賭興全消，我已沒有心情再玩了。雖然直到現在我們還是摸不著 Mr. Morgan 的眞正意圖，但有了這次際遇，我已清楚意識到，依照算牌規則的穩贏玩法，在賭場絕對不受歡迎。

贏要衝，輸要縮——做不到

我喜歡賭博遊戲，重點不在贏錢，在於或輸或贏的過程中那種劇烈起伏！

眼看要輸到底，最後大逆轉，

這種極端的刺激，就跟玩 Big Shot 或大怒神一樣，自虐似的……

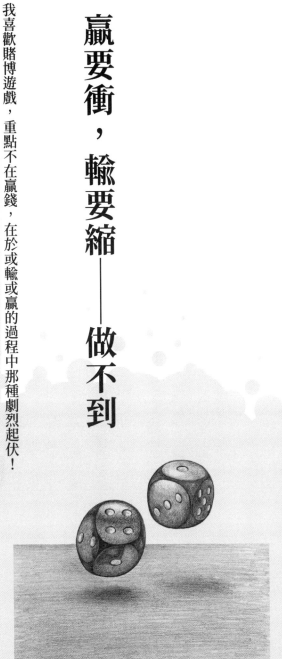

我喜歡刺激感。

從小學到國中，我從來沒有考過第一名。國中讀的是附中國中部，國一、國二學業成績雖然不算太差，但也從來不曾第一名。但高中聯考，竟然讓我以第一志願並第一名的成績考進了附中高中部！這對我來說，是一個很大的鼓勵。

讀了附中以後，當班長、玩吉他，是活躍的校園人物，但課業成績卻是每下愈況，到了高二已幾乎是班上倒數，高三開學後趕快轉到文組，把握最後時間，奮力衝刺，沒想到又讓我考上了台大經濟系。這種在最後一刻從谷底翻身的刺激感，使我產生了一種莫名的自信。

上了大學，我對上課興趣缺缺，在彈吉他上，卻很有成就感。不過，大一沉迷賭博電玩之後，就很少再碰吉他了，從小累積的吉他彈奏功力也急速變弱了。練彈很煎熬，是苦功夫，賭博電玩輕鬆好玩多了，彈吉他的本事也就自然而然地荒廢了。

愈危險，愈有征服快感

年輕時候，我非常喜歡玩刺激的遊樂設施。在拉斯維加斯的雲霄酒店，有座塔蓋在距離地面二百八十一（281）公尺高的甲板高台上，這座叫 Big Shot 的高塔本身有四十九（49）公尺高，它曾是世界上最高、最驚險刺激的遊樂設施，我超愛！它可以每小時七十二（72）公里的速度，瞬間將人像搭乘火箭般，把你發射到塔頂，也就是離地面三百三十（330）公尺遠的高空，人在其中，有種瞬間要被拋到內華達州沙漠裡的感覺！我也喜歡玩六福村的大怒神，搭乘座椅緩緩上升到十幾、廿層樓高的最高點後，就以自由落體的重力加速度高速向下墜落！說真的，超級恐怖，可是我就很享受那失速般的刺激感。

我喜歡賭博遊戲，重點可能也不在贏錢，而是在於或輸或贏的過程中那種劇烈起伏！尤其是眼看著就要輸到底，最後大逆轉，倒贏很多錢。這種極端的刺激，就跟玩 Big Shot 或大怒神一樣，雖然有讓人驚聲尖叫的大冒險，最後卻能安全脫身！自虐似的，但一直讓我欲罷不能。

坐上賭桌，是自己心甘情願站上險境，不論贏或輸，都得自己承受。但無可諱言，失手時，挫敗感其實很深很強烈。

有一年，忙碌的工作告一段落，我跟太太，以及一位好友兼同事，三人一起參加了一個澳洲特惠團，團費不貴，而且會走遍澳洲主要城市。記得行程包括了黃金海岸、雪梨、布里斯本……有些行程我沒參加，因為還不如泡在賭場裡，因此還被領隊要求簽下不參加的切結書。其實，若是跟團出國旅遊，我通常不會跟著玩，不管觀光團走到哪裡，我唯一的目標就只有賭場，就是為了賭。我的醉翁之意當然不在觀光，身上所帶的賭博金額也遠高於團費。每次出門，都會把握機會大賭特賭。

這一趟的澳洲行，抵達第一個城市後，我就直奔賭場。而且，前幾天就贏了很多錢。最後一天，到了雪梨。我就跟太太說，「你們去找最貴的餐廳享受美食、去買任何想買的東西。」但我不去，我要去進攻心心念念已久的賭場。

這次進入賭場後沒多久，當太太正跟同事在雪梨塔最高樓層的旋轉觀景餐廳享用頂級牛排時，我已經輸得精光，而且，不只把前幾天贏來的輸光，也把我帶來的賭本全都賠進去了。這次輸得又快又猛，前後時間不超過三小時，爲什麼會如此失控呢？前兩天能贏錢的主因不就是耐著性子慢慢等待好機會嗎？順手時加注，很不順的時候縮減押注，可是當情緒一旦沒控制住，短短一來一往之間，我輸掉了上百萬。

當太太跟同事開心地享用美食、盡情逛街瞎拼時，我正烏雲籠罩，處於情緒最低點。但我還是依約跟她們在預定的地點會合了。見面時，我應該是一臉鐵青吧，太太看出我不對勁，問我：「怎麼了？」瞬間把所有錢輸光了，我當然很悶，但也不知道如何跟太太開口，只能敷衍回說，「哦，沒有啊……」明明我就是一副失魂落魄樣，卻又強裝沒事，尤其有同事在，我更不能明顯表現落寞。強憋著一肚子悶氣，氣氛顯得有點尷尬！

終於，我好不容易迸出一句，「我們先去吃個東西吧。」太太看我垮著一張寫滿失意的臉，大概知道情況不妙，所以也不敢跟我說她們才剛吃飽，而且是很飽。三人相視無語，我就帶著她們到當地一家中國餐廳，價格不斐的一家高檔中餐館。我還故意都點很貴很貴的菜色，心想，反正都輸那麼多了，要爛就爛到底，也沒差這點餐費了；即使吃不完也無所謂！太太很清楚當時我已惱羞成怒，而且已開始進入一種賭氣狀態。

一同出遊的這位同事，是太太和我的好朋友，所以也很了解我的脾性。看到我當時那副模樣，也不敢多講話。那頓飯，三人都吃得很痛苦。事實上，我根本一口都吃不下。

賭博的本色就是如此，高潮迭起，但隨時都可能瞬間風雲變色！即使我已是賭場老鳥，也不是輸贏最多的一次，但大輸的低盪頹喪，依然難以控制。

三個人吃完飯，從餐廳搭電梯下樓。那是一處複合式娛樂商城，有觀景餐廳、商場，也有賭場；電梯上上下下、開開關關，很多盛裝打扮的男男女女，都滿臉笑意的開心進出電梯，應該都是要去跑趴玩樂。我們三人卻無語地杵在電梯裡，看著別人歡聲談笑，臉上雖仍然強裝鎮定，心卻冷得跟嚴冬冰雪一樣！

在好玩與自虐間輸掉的人生

在賭場，經常可見像我這般輸得精光的賭客。其實，有時候賭到一半，賭客早就感覺得到會一直輸下去，除非立刻站起來走人，否則這一天輸定了。但結果卻常相反，即使明知道會輸，還是無法起身離開。

太太常不解地問我爲什麼？不是說「贏要衝、輸要縮」？遊戲規則都這麼清楚，爲什麼我總是做不到？

我認爲，賭徒都在追逐一個不存在的東西，而且，也並不眞正在乎有沒有追到那東西。贏，當然快意十足，但瞬間即逝，贏並非最終目的；就像沖很冷或很熱的水一樣，當下很刺激，但最後也搞不清楚那感覺到底是很冷還是很熱。純粹就只是爲求當下的瞬間滿足，卻不知不覺陷溺其中而難以自拔。

賭徒之所以是賭徒，除了抱有投機、僥倖的心理，更多時候是一種不甘心，因爲認輸很痛苦，所以無法停損；或者，說不定下意識裡還隱隱享受這種掙扎的心情：要不要站起來走人？還是繼續拗在這裡？……總之，在那百味雜陳、千迴百轉的當下，是一種自己也釐不清的複雜心理狀態。

從賭博電玩店到賭場，我所看到的大多數賭徒——當然包括我自己在內——眼中只有輸贏，沒有人生，沒有他人，甚至也沒有自己。而我這種以爲是爲了好玩的賭徒，有時候連我自己也忍不住懷疑，這種好玩是不是更像是一種自虐？或者，我到底想要證明什麼嗎？

賭徒爲什麼都會陷入這種漩渦？

多數的賭，其實都很簡單，不是猜對左邊，就是贏在右邊。賭博遊戲裡，我之所以獨鍾玩輪盤，因爲那不只是輸贏各半的機率，而是必須從0、00，及1到36，在37或38個號碼之中，猜對那滾動的珠子到底會落在哪個號碼格上？猜中1／37或1／38的機率很低，卻挑戰更高，讓我百玩不厭。

事實上，很少人會冒三十八分之一（1／38）的風險，就只爲了想猜中輪盤上的小白球所落定的號碼。而且，憑什麼認爲小白球一定會落在那個號碼格裡？我常自信以爲，一定就是那個號碼，所以重押那個號碼；沒中，還是不死心，再押，繼續押同一個號碼；這輪沒中，下一輪再押……心想，頂多押三十八次，我就不相信三十八次都不中，總不會一直不出現吧，但實際上我也從沒勇氣連押同一個號碼超過十五次。

除了認定的號碼，我通常也會將兩旁緊鄰的號碼一起押。老實說，這也代表了我並沒絕對的把握，心底深處並沒有自認爲的那麼大自信，仍存在一種僥倖心態：一不小心，說不定就跳到旁邊的號碼了……

當我在同一個號碼一押再押的狀態一出現，對我來說，就是必輸循環的起點；也就是說，當我進入這模式，假設一把押個近萬元，連續十幾次，就會輸不少錢，接下來愈押心會愈慌。而且，玩輪盤通常不會只押一個號碼，也會心存僥倖地同時押注各種跟這號碼相關的其他區域，每一把押注加起來的金額都不少。所以，當太太發覺我又開始進入必輸情境時，就會提議，「我們先去吃個飯。」不認輸的我，有時候還是硬撐著不走，死愛面子地不願聽從。

愛賭的人還有個共同毛病：都自以爲很聰明，覺得自己會贏過他人！這也是「賭性堅強」的另一種表現。當看到旁邊的人下注比你大，爲了不想輸，就押更大，輸人不輸陣啊。我就是道地的這種心態，即使輸了錢，也不想輸人，原想證明自己聰明，最後往往只體現了愚蠢。

野心的賭徒世界裡，沒有「適可而止，見好就收」的詞語。所以，「贏要衝，輸要縮」的必贏鐵律講得再漂亮、再響亮，賭徒從來很難做到。別忘了，還有更重要的金科玉律：要贏，就不能有情緒！但只要是人，就一定會有情緒，賭場卻沒有情緒，所以賭場肯定是最後的贏家。

賭氣，比賭博嚴重

不是出於自己意志的決定，我沒興趣；
然而逆著風向，站在明知會輸的一邊，
在別人眼中，我就是個賭氣的傻瓜。

有人說，在賭桌上要很會察言觀色，尤其要尋找指標人物。

賭桌上的所謂指標人物，就是正在走衰運的賭客。因爲，賭場裡並沒有正指標人物，賭客也只有在反指標的時候，才具有意義；也就是說，即使看到一個人正走運，每賭必贏時，你其實也無法一路跟，因爲在賭桌上，幸運者不容易一直好手氣，不一定一路順到底。但倒楣的人通常就會一直倒楣。

所以，當看到某人正在倒楣，明顯烏雲罩頂時，就是反指標代表；只要押跟這人相反，也就是所謂的「對做」，肯定就對了。很多人進到賭場，喜歡找人多的賭桌，因爲人多的話，比較容易看出哪個人正在倒楣，跟這人押相反就對了。

不過，在賭場裡唯一可以看到反指標、對做的，就只有百家樂，因爲它唯一的玩法就是押莊家或閒家。而我最愛的輪盤，則是押注在號碼上，大家中獎機率都低，所以沒什麼反指標可言。不過，還有一種遊戲，當幾個人倒楣時，整桌賭客也都會被拖下水扛霉運，那就是21點。有時候勢頭就是一直對莊家很有利，玩家無論怎麼押都會輸。

一個百分百愛賭氣的傻瓜

以前我們常去菲律賓宿霧海濱賭場飯店（Waterfront Cebu City Hotel）。有一天，在百家樂檯桌上，頭上應該就是飄來一朵大烏雲，滯留不走，我就是一直輸一直輸……不知道已經輸掉幾把了。一旁的太太提醒我，要不要先冷靜一下？她看到周遭的人都已經把我當成指標了，「要嘛，現在就離場，不然你可能在十分鐘之後會輸光光。」太太還建議說，不然就跟自己對做，也就是，當我升起念頭想押閒家時，就反而押莊家，玩計中計。太太認眞問我，「要不要這麼做？」已連輸多把，被人看破手腳般，我那逞強的牛脾氣已經上來了，任性地說：不要！

就是這樣的任性，讓我成爲全桌最受矚目的反指標人物，全場都看得淸淸楚楚。還記得，當我押在閒家，整桌賭客都立馬將他們的籌碼改押莊家，完全就是賭博電影片段的翻版！

理論上，這時候我應該要站起來，轉身走人，但我就常會在這種時刻耍任性，一種莫名的任性，寧願一路輸光也不願意走。

太太常說，我在賭桌上的賭氣，比賭性更嚴重。太太跟著我征戰各國賭場無數回，她不賭，卻是最好的冷靜觀察者，也會適時跟我討論該怎麼做，以及贏錢的策略。尤其她喜歡找賭桌上的衰臉，叫我跟那個衰臉人對做；比如這人押player（閒家），我就押banker（莊家）。但贏錢對我來說不是重點，我就是想要玩！明知道太太可能是對的，但我就是無可救藥的任性，很難聽進她理性的建議。當時的我想要享受的，就是輸贏起伏過程的不確定性，她所建議的必贏法，對我來說太機械性、太無聊了，雖然知道贏的機率變高，卻會失去自主性，所以莫名地固執，當然也就常常要跌跤。但自己的決定，就必須自己承受後果。

此外，我還有一個個性上的大罩門：情緒容易受到身旁賭客或鼓譟者的影響。在賭場裡，總會有圍繞在賭桌邊，可能已輸光沒錢，或者想吃點紅的一些人。尤其是在澳門，每當要下注前，這些人就會起鬨「押莊押莊押莊……」，或者「押閒押閒押閒……」我很容易就會被這些人惹怒，即使當下也同意這些人所喊的押莊或押閒，可我就故意不押眾人所起鬨的；贏了，好像是聽了大家的意見才這麼做的，完全沒有自己判斷的樂趣；輸了，這些人也會在一旁說風涼話，碎念「就跟你講莊／閒家，你幹嘛？……」不是出於自己意志的決定，我沒興趣；然而逆著風向，站在明知會輸的另一邊，在別人眼中，我就是個賭氣的傻瓜。

我有很多這種賭氣的經驗。太太都會勸我不要理會這些人，反正是一群根本不認識的陌生人。尤其在玩百家樂時，不是莊就是閒，所以桌邊常會聚攏一些人喊這喊那。總是刻意跟這些不相干的人對做，太太說，我不只賭氣，根本就是在耍帥，「是要氣給誰看？氣給我看？還是氣給自己看？」當我開始任性、耍帥，就是災難的開始。

有一次在拉斯維加斯雲霄塔飯店（Stratosphere Hotel），身邊來了一個外國人，一坐下來，不但沒禮貌，還冒冒失失，一副很討人厭的模樣。我莫名被惹毛了，就故意跟他對做，明知道他判斷是對的，我也跟他押相反，因爲我就是不想跟他一樣，不想跟他選同一邊！結果就是，我很快就輸光了！

另一次，同樣也是在拉斯維加斯，有個同桌賭客，是個亞洲人，純粹就是不喜歡他一副財大氣粗的踐樣。所以當他押這個，我就故意押另一個。跟遇到那個冒失、討厭的外國人一樣，即使我心裡認同他押的會贏，但因爲不喜歡這個人，就會跟他押不一樣。

「到底是怎麼一回事？」太太常很氣，覺得我幹嘛跟自己的錢過不去？我就說，因爲看那人不爽！這種無聊的任性，每次都讓自己的荷包大失血。

賭博，不只會和陌生人賭氣，有時連跟自己的家人我也很難控制情緒，常常因此吵架。年輕時曾帶我媽媽去菲律賓旅遊，記得那次在佬沃，我還介紹賭場裡的各種遊戲給媽媽看，當我在玩骰子押大小：當三個骰子跑出來，加起來總數是十以下，代表小，十一以上則是大。那次，我媽就在一旁看著我玩。當開出的大小和我押的不一樣時，我媽就跟我說，「哎呀，你押大是錯的，我剛剛就覺得會開小……」講一次、兩次、三次——第三次時，我的無名火燒了上來！

要再押下一把時，我賭氣式地問我媽，「媽，那這一把你覺得應該會是大或小？每次開出來，你都覺得是你對的，你告訴我，這一把會是什麼？」我媽很清楚我脾氣，知道我已經有情緒了，「哦，我現在沒有感覺了……」在賭場的氛圍裡，人很容易變得六親不認，無論認識、不認識，甚至自己的母親，都可能因爲押注的意見不合而吵架翻臉，現在回想自己曾有過的行爲實在愚昧。

跟空氣證明？

對我來說，賭場比打麻將好玩許多，打麻將速度慢，每一把都需要很長一段時間。雖然學生時代跟同學們玩，曾經用很快速的打法玩，但相較於賭場的速度，麻將還是不夠快。在賭場，押注離手，立即就見眞章。就是這種刺激感，讓我有種險中求勝的快感。

同時因爲我不喜歡旁邊有人亂出主意或叨唸，常常刻意選人較少的賭桌。人少的檯子，通常就會是賭注大的遊戲，也因此，圍繞周遭的人比較不敢胡亂出主意，有些 dealer 甚至會要求「請不要干擾！」這是我最喜歡的半隔絕狀態。

有次在澳門，我坐的那張百家樂檯桌，人不多，也不算是多高額的賭注，但我居然第一注就押蠻大的，當時的心情很幼稚，只因為看見其他幾個人都押了同一邊，我就刻意和大家押相反，輸了之後，更幼稚地續押並將賭注乘以2，押的注就更大了，接下來再乘以2、乘以2、乘以2，我已經押到幾乎最大值了。過程中這張賭桌聚集越來越多人，甚至有一群人站著，也都押在和我相反的一方，我硬著頭皮越押越大，雖然第三把就已感覺完蛋了，但居然仍不停手地押了更大賭注的第四和第五把……

太太對於我這種幼稚的賭氣行徑常氣到受不了，「你到底要跟誰證明什麼？跟空氣證明嗎？」太太說，即使得到證明了，至少也要得到旁邊人的拍手讚賞啊！沒有人，從來沒有人知道我心裡上演的各樣內心戲。老實說，連我都摸不透自己到底在想什麼。也許在賭桌上，我只是想好好專心玩幾局、只是想擁有自主權……當周圍充斥七嘴八舌的各種主意，或者我純粹不喜歡同桌的其他賭客，我就會像個生悶氣的小孩，而這種賭氣式的任性，讓我一路付出高昂的代價！

股市，天天開牌的賭場

現在喜歡專心在本業上，
錢存銀行就好。

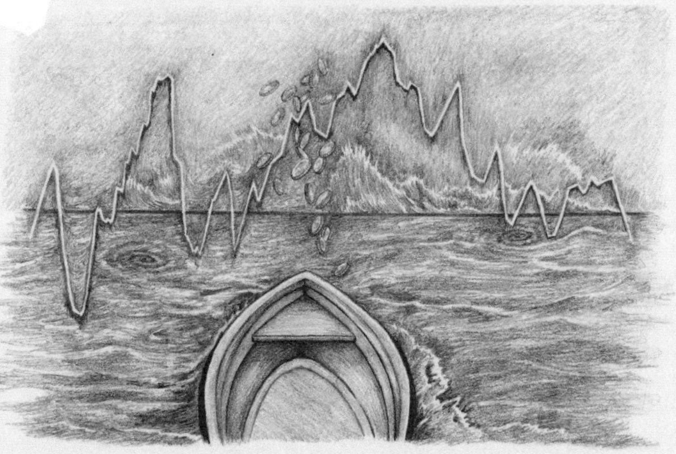

年輕時認識的人都說我愛賭，但當時我有種不以爲然的心態，認爲許多人在玩的股票，本質上不就是賭博？但在社會大衆眼中，似乎玩股票是正當投資，選對股，即被認爲眼光精準。但在我看來，股票的上下起伏，甚至劇烈震盪，這不也是賭博的另一種形式？只是以「投資」爲名，很正當，也好像比較高尚。

也常聽到這些人會說：「我們都只買績優股。」在我看來，所謂「績優股」其實跟賭馬概念差不多，就是押注在一匹大家都看好、血統純正、出賽紀錄好、贏率較高的馬身上。所以我常跟別人說，「股市投資人跟賭徒有什麼兩樣？」我也形容過，所謂的「雞蛋水餃股」，也像賽馬場上原不被看好的那匹馬，當時來運轉，跌破衆人眼鏡即一路奔馳得點，成爲貨眞價實的黑馬大贏家，賠率得以很大；只以少少賭注，就可能贏上幾十倍。這不就是以小搏大的概念？當然，這是我當時忽略企業體質與其發展的偏頗想法。

我把股票當賭博

既然概念一樣，我就想，那我也來「投資」，買股票來玩玩吧。這就是我買股票的起心動念，只是要證明：買股票也是在賭博，股市對我來講，根本就是天天開牌的賭場，而且不必出國，每天早上九點，股市一開盤，就進入了刺激氛圍。

決定玩股票之後，我開始鑽研股票市場，所有與股票有關的財經新聞、雜誌、報紙、書籍，都買來研究，雖然花了不少時間，但操作上仍然搶短搶快。說眞的，若讀了衆多股市走勢、解盤分析訊息，就以爲知道了些什麼，是不可能的。事實上，我仍然等同門外漢。因爲股市是高度財經專業，即使讀了再多資料也沒什麼用，買賣股票的當下，我心底知道，自己亂猜的時候居多，離專業還差得遠。也就是太無知，卻常自以爲那是經過專業判斷才下的決定。

早在一九九八年左右，我還不到卅歲之際，我就開始進場買股票。當時我買股票的心態，是以押大小的概念，把它當賭博在玩；覺得它會漲，也就是會開大，我就押大。

買股票在我沒什麼高深道理，雖然分析師會有各式各樣盤前、盤中或盤後解析，看起來很有道理，但在我眼裡，卻跟押大小一樣。說到底，對我來說就是賭，端看幸運之神是不是站在你這邊。

到二〇〇七年初，我在股市進出的交易金額，每個月都數千萬，一般散戶很少玩這麼大。又是賭博又玩股票，都是金錢遊戲，太太難免很擔心。但我總是安撫她，我在股市交易金額雖然大，但本金都還在，不用太擔心。事實上，這是自我催眠，在合理化自己另一種形式的賭博行爲。

半年成交近八億

二〇〇七年五月，爲了在股市加碼，我不只把之前賣掉公司股份的錢投入，還打算賣掉兩間在大安區的房子。但只賣掉了一間，另一間不知爲什麼，一直賣不掉。跟太太提議賣房子時，我還向她誇口說，「讓我來殺進股場，這樣可以把兩千萬變四千萬，四千萬變八千萬，八千萬變一億六千萬，翻個幾翻就破億了。」

所以在五月份，我的成交金額近一億元。前一年我每個月的平均交易總額是一千多萬，到了這一年的前四個月，每月成交金額則拉高到三千多萬。五月開始之後的半年之中，總共交易了七億九千多萬！當時的我對股市的投注，已幾近瘋狂狀態。

同年十月，還決定孤注一擲，甚至還買了非常大量的權證（高風險的衍生性金融商品），將所有資金全部投進一支我看好會大漲的股票。沒想到卻看走眼了，從四十多元買入之後，一路下滑，最後只剩二十九點零五（29.05）元。眼看情勢不對，再不止血，肯定血本無歸。於是在十一月廿三日，決定忍痛認賠出場，而且不只這一檔，包括其他股票，全部出清。當時財產歸零，甚至破產成爲了負數。

漲跌都不是好事

從這天開始，不再需要每天從九點到中午一點半，盯著盤中價位上上下下，毋須理會各種小道消息，不必時常拿不定主意該買還是該賣？哪一支要不要先出？或另一支可以試試？……這些瞬息萬變，卻又必須趕快下決定的煩惱可以拋諸腦後了，我的心情當然也不再隨著賺賠上下起伏了。

沉迷股海時，若股價大漲，便心生惰性，荒廢本業，因爲股價一上飆，根本比按部就班工作賺得多又快，而若股票大跌，則無心工作，因爲再怎麼認眞努力，似乎也救不回慘賠的資金。賭徒心態換到股市裡，比之前上賭場更加變本加厲。我幾乎天天都被股價牢牢綑綁著，比以前更像囚犯，動彈不得。

股票，在我眼中就如我所認爲的，是天天開牌的賭場。操作股票期間，我每天總有多檔股票在手中進出，就等於在賭場內手持多把在等開牌。而且股票漲跌的輸贏金額比賭場大得多了，又和工作時間交疊在一起，很容易讓工作鬥志消失。

賭場、股市，兩大金錢遊戲我都曾深陷其中，非常清楚，心神上必須承受莫大壓力，無論是大贏或大賺的快樂，都只是一瞬之間，根本不是眞的快樂。但是，仍在癮頭中的我，卻只是愈陷愈深。

二〇〇七年底出清所有股票直到現在，我再也沒買過任何一張股票。還記得二〇〇八年五二〇日，當天股市一度曾衝到最高點。那時我還跟太太笑說，「哎！錯過這波大漲，眞是可惜！」沒想到的是，沒有下手的我竟因此幸運地避開了金融海嘯！不再持有股票，當股市大好或下跌，都不再影響我的生活。但看見朋友因爲股市大漲而獲利，仍會爲他們感到開心。有好友問我，爲何不投資呢？我說，現在喜歡專心在本業上，高風險，甚至低風險的投資，都不適合我，錢存銀行就好。

自己也很難想像，曾經是那麼喜愛買賣股票的我，竟會變成對投資金融商品無感的人，眞是太奇妙了！把關注股價的時間拿回到日常生活之中，每天過得踏實且開心，而且是發自內心的開心，這才是無價的！

無痛戒賭

我的的確確聽到了這清楚的聲音。
淚水數度從我眼眶滾落下來。

二〇〇八年戒賭後，至今十幾年來，我最常被邀請分享的主題就是如何戒賭。因爲，賭徒不少，但大多數都在賭的漩渦中滅頂了，很少人能全身而退。我就是那極少數的倖存者之一。

其實，從大學沉溺賭博電玩開始，我就很想戒賭。曾嘗試過各種方式，例如：不進賭博電玩店、限制自己不要玩超過幾小時、不要輸超過多少錢……但上了癮，就很難克制，每次忍不住又走了進去。到最後，我認爲已經不可能戒掉了。

開始工作之後，更想戒賭，因爲賭博是不對的行爲，賭徒更是一種負面形象。但我就是戒不掉。

我一直很在乎被人指責賭博這件事。我很清楚，社會大多數人都會認爲，愛賭博的人就是無藥可救之人，就是魯蛇（loser）。雖然愛賭，但我還是期待在別人眼中，我是個高材生、優秀人才，而不是個沒希望的賭鬼。可是，愈賭愈成癮，連自己都覺得離人才愈來愈遙遠，愈來愈沒機會了……我曾經期待自己持續是個風雲人物，未深陷賭博漩渦時，我也的確是：曾經是班代、系代表，我們的熱門樂團也在大型活動表演，是台大校園裡活躍的風雲人物之一。但在這光明一面的陰影處，我卻是個不折不扣的賭徒。

聽見「放下你的傲慢」的聲音

未戒賭之前，我一直過著雙面人的生活。雙面人生的痛苦就在於，賭博帶給我很大的刺激與滿足感，骨子裡，卻又很討厭自己這種行爲；我在意他人眼光，但因爲賭博，常又需要掩人耳目。但我已經無法自拔。

之所以能夠戒掉廿多年賭癮，完全是因爲信仰的力量。這過程說來，可能很多人會不以爲然，甚至覺得我在胡扯，但眞的太神奇了，連我自己都覺得不可思議！

從小，我家裡就是一般傳統信仰，對基督教沒有好感。我太太是虔誠基督徒，當我們還是男女朋友時，彼此間什麼都能聊，就是不能談信仰。雖然我也曾跟她去教會、認識她的教友，但我對教會仍十分排斥。其實我年輕時就喜歡嗆傳道人。但他們通常不會跟我辯論，我卻因而誤以爲是被我嗆得說不出話，當時還自鳴得意，很有成就感。

有一次，還是女朋友身分的太太約我到台大對面的懷恩堂參加音樂佈道會。會後，突然有一個事業有成的中年人短講分享。我記得台上的那位分享者自我介紹說，他是台大經濟系畢業的。而他所講述的內容，正是他接受耶穌基督信仰的眞實心得。當下，我馬上洞悉，原來又是身旁女友以她的方式在向我傳福音。佈道會一結束，我板起臉看著她，甚至戲謔地跟她說：「有一種可能，你們基督徒或許是上輩子在一場天災人禍，譬如土石流，正好死在一起，所以今世全長成一副 loser 樣，相遇在這個世界上，聚在教堂裡……」

幾年後，在一九九八年的聖誕節，一個不太熟的朋友約我到台北靈糧堂參加他們的耶誕夜活動。雖然不想去，但既已答應，就不好意思失約。但我一如既往，其實是抱著一種嘲笑的心情赴約，想看看基督徒到底怎麼過聖誕節。進到教堂，我特意挑了個二樓靠近門口的位置，心想，一感覺無聊，方便起身走人。而且那天晚上，我還預先跟其他朋友約好，更晚的時候要去夜遊。

進入靈糧堂，一坐下來，耳邊就響起：「劉駿豪，放下你對教會的傲慢！」這聲音的出現讓我備感震撼，內心突然有一股很慚愧的感覺，因爲我曾經多次羞辱這信仰。整個晚上，這聲音縈繞在我耳際，十幾或廿幾次……教堂舞台上的所有活動，我已無暇關注，到底是誰在跟我講話？聲音來自何處？我四下張望，除了一張張虔敬、歡喜的臉孔，卻不見聲音從何而來。但我很肯定，我的的確確聽到了這清楚的聲音。淚水數度從我眼眶滾落下來。

對於當時自信又一身傲氣的我來說，內心既困惑又感動。本來預計不久就要離開，我竟然整晚坐在靈糧堂裡，直到所有活動結束。走出教堂時，遇到一位神學院學生，雖不認識，但我實在太疑惑，忍不住脫口問他，「爲什麼我聽到有人跟我說話？」他沒有針對問題回答，而是反問我，「你信嗎？」我毫不猶豫地回他說，「我信！」看著一群教徒正要去報佳音，我接著詢問是否可以一起去，也馬上打了公用電話給朋友，說我不去夜遊了。我不知道爲什麼想跟著去報佳音。而由於我會彈吉他，那天我們大夥沿路走到公館的地下道，邊走邊彈吉他邊唱詩歌一路報佳音。

報完佳音回到家，我倒頭就入睡。記得隔天和女友（現今太太）通電話時，迫不急待和她分享了我內心的平安，也說我好久沒睡得這麼安穩、睡得如此放鬆了。電話那頭的她似乎聽得一頭霧水，好像聽不懂我在說什麼，難道平常我睡覺都很不安穩？

我也說不清楚，但那是我第一次體會在耶穌懷裡的那股說不出來，卻又全然放鬆安穩的感覺。

在那個神啟的夜晚，我接受了基督信仰，並非出於一時衝動，我還進行了驗證：禱告。當禱告應驗了，一再確認無誤後，我終於明白，當時在靈糧堂聽到的那聲音，是神在對我說話！隔年（一九九九）三月，我正式受洗成爲基督徒。但是，即使信了主，我還是繼續賭博，甚至強詞奪理聖經上沒有說不能賭博。只是身爲一個基督徒，內心經常交戰不已，因爲心裡知道，賭博絕對是不對的行爲。不只去賭場，我也賭股票——一個更大的賭，內在的衝突也愈猛烈。

有人曾問我，有沒有向上帝禱告戒賭？老實說，我經常禱告，卻不敢禱告戒賭，我想著，賭博這麼刺激好玩，如果戒賭了，生活會不會就此失去樂趣？祈求戒賭的禱告好像只有一次，但禱告完，我還是繼續賭。

十月份的大禮物

二〇〇八年三月六日，當時突然有一個感動想去報名教會九月中開學的生命培訓學院。就在開學前的七月三日，我在筆記本裡寫下：「今年十月份會領受一個極大的祝福……」當時我並不知道這祝福是什麼，但內心卻莫名開心，還跟太太分享說，神即將給我一個極大的祝福。我還半開玩笑說，「一定是中樂透！」後來回頭翻看這段筆記，才發覺，這就像是一種未來預言。我不曾意料到，這個突如其來的念頭竟成爲我戒賭的契機。

生命培訓學院課程安排非常緊湊，每周一到周四，早上到中午，整個上午都要在辛亥路上的靈糧山莊上課。工作之外，還要上課，讓我的生活愈加忙碌。

就在二〇〇八年十月初，我安排了一個賭博小假期，周四中午離開教會後，立刻衝向機場，跟太太趁著這小空檔去了菲律賓宿霧。和往常一樣，我帶著一筆錢，要去賭場放鬆身心、玩一玩。太太最清楚，我一旦進了賭場，一坐下來，就不知道要玩幾小時了。總是陪在我身旁的她，常因爲很無聊，就會出去外面商場逛一逛。說也奇怪，這次一進賭場沒多久，我便焦躁不安，心緒不寧，押注時，一會兒在這桌押百家樂，一會兒卻腳跨到隔桌去押21點（Black Jack）；坐立難安的我，好像身上有著百萬隻小蟲在撓癢……當太太一如往常要起身出去逛逛，我叫住她，「ㄟ，妳先不要走，我不想玩了……」也不知道究竟是一時心生無聊，還是內心煩躁，對賭桌生起一股從未有過的厭膩感，「怎麼可能？你才剛開始玩？」太太一臉不解與驚訝，她甚至不可置信地伸出手摸摸我額頭，查看我是否發燒了？

本以爲可能是那天旅途勞頓，身心狀況不佳，所以決定先回飯店好好睡一覺，養精蓄銳後再來大拚一場。我竟然在飯店一覺到天明，向來都是緊抓每分每秒在賭場的寶貴時間，怎能任由睡覺而流逝！第二天我精神飽滿地走進到賭場，每張賭桌巡行過一輪，發現真的毫無興致了。過去那種迫不急待、極欲享受賭桌上震盪的快感消失不見了。當天睡前，我在筆記本裡寫下：「在賭場玩不久就累了，從未有過的經驗……再也感受不到賭博的樂趣，雖多次嘗試找回它的感覺，但找不到了！對數字不再有過往的熱情，覺得賭博很煩，坐不住，一直想離開賭桌，已沒有從前在賭博中享受它起伏的快樂了，完全沒有。也不想換錢，什麼都不想了。」突然不再有以前讓我樂此不疲的快感與興奮……

這趟旅行最後的畫面停駐在我跟太太舒坦地躺臥在飯店泳池邊。我倆來回宿霧已不知多少回，卻從來都不是真正的旅遊，遑論在泳池邊愜意閒聊。這是第一次，所以我記憶深刻。當時，我靈光一閃，「我想到了，之前不是 神說在十月會送我一個大禮物嗎？」太太一時間沒意會過來，一臉茫然：「什麼禮物？」

「原來這個極大的祝福是讓我對賭博很厭煩，一點兒感覺都沒有了……」恍然大悟的我對太太說出這段話時，她告訴我，這天正是十月十日。彷彿不只是國慶日，也是我煥然重生之日。

那晚臨睡前，我在筆記中記錄下這驚喜發現：「哇！現在正是十月，神真的讓我戒賭了！」神抽掉了我的癮頭，那是無法靠「人」、靠自己卸除的東西。

癮頭沒了，才有人生！

沒有戲劇性過程，只是一念之間的無痛戒賭。可以抽離沉溺超過廿年的賭博惡習，我自己都感到太神奇了。我的戒賭，竟然不是一個漸進過程，而是瞬間！不是像一些人是遭遇了什麼重大事件，所以痛定思痛，或者輸到傾家蕩產而幡然醒悟之類！我完全沒有經歷所謂痛定思痛、曲折反覆的戒斷過程。

戒賭，原來就是 神要給我的祝福！但是，連太太都不相信我會這樣就戒賭了。當時，她會半信半疑地說，等過完這四天假期再說吧！第三天、第四天，我真的連進賭場的心情都沒有。太太很納悶，反而催促我「再去一下嘛！再去試試……」我真的也再去了，但進到賭場，也只是東晃西晃，這桌看看，那桌瞧瞧，無所事事地待了一會兒就覺得很無趣，一點玩興都沒有。

就這樣戒賭了！不可思議地戒賭了！廿幾年如影隨形的賭癮，就這樣從我身上被抽離了！回台灣之後，太太還是不敢置信。二〇〇七年股票清空時，我還是個賭徒。二〇〇八年去宿霧前不久，我也還去過澳門賭場幾次，也還是在賭。眞的就這樣不賭了嗎？我跟太太兩人不停地討論討論討論，眞的戒了嗎？眞的沒有興趣再賭了嗎？太太不太相信，我自己也不敢完全確定。

畢竟沾染了廿多年，幾乎佔去我目前爲止人生大半時間的癮頭，能夠因爲一次在賭場，突然發現不想賭了，就認爲自己戒賭了嗎？有毒癮的人，即使下定決心戒毒，通常也必須經歷一段長時間痛苦難耐的戒斷期。我曾經這麼熱愛、沉溺的賭博，眞的就這樣離我遠去？是否只是我暫時的厭倦狀態？也或許只是一時的不耐？

從二〇〇八年十月在宿霧對賭博感到厭煩之後，逢年過節，家裡未曾間斷過的打麻將、打牌傳統，即使只是五分鐘、十分鐘的暫湊一腳，我也絲毫興致都沒有。偶爾遇到三缺一，媽媽會說，「坐下來打幾把……」我也請別人代打。不是刻意迴避，而是發自內心，一丁點兒都不想的興致缺缺。不賭，連摸兩圈都不碰了，那時還讓我母親有些不太高興。

戒股票、戒賭，甚至連樂透彩券都不買。在我的筆記本上，貼著一張二〇〇九年一月十九日所買的威力彩。那一頁寫著：「這是我買的最後一張彩券，以後不會再買了。感謝 主告訴我，不會用彩券祝福我！」

壞習慣戒除後，很像大病痊癒，有如獲新生的喜悅！也才發現，我從此才開始擁有美好的全新生活——眞正的旅遊、眞正的家庭生活；不僅不再因賭博失去金錢、生活，重拾的，是平凡但無價的幸福感。

拉斯維加斯驗證之行

戒賭前，每一次美其名的出國旅遊，其實都是去某些賭場的藉口。進出澳門無數次，除了賭場，我只去過大三巴；帶著女兒去過最多次的菲律賓，卻連跳島都沒玩過；美東，只記得大西洋城賭場；舊金山只有雷諾賭城，有名的太浩湖，湖沒去過，只在這地方的賭場玩過；去拉斯維加斯，連被譽爲「沙漠之鑽」的胡佛水壩（Hoover Dam）都沒去過……一心只在賭博，旅遊都是假的，賭錢才是眞。

但廿年惡習瞬間消失，連我自己都難有把握不會再犯。眞正讓我百分之百確認自己與賭博絕對分道揚鑣的，是從二〇一四年十一月初，我跟太太兩人的義大利之旅開始，這也是我們第一次到歐洲旅遊。以前出國，我一心只在賭場，也絕不可能將這麼長天數的旅程用在歐洲。戒賭後的義大利之旅，我才眞正享受到兩人一起出遊的快樂，花時間、花心思的兩人相處時光，而不是以往只爲我一人之私的賭博行程；第一次意識到，這才是眞正活著的生活。

二〇一五年五月中到蔚藍海岸度假。其中一天，我和太太在摩納哥蒙地卡羅賭場外面的咖啡廳，緩慢且放鬆地用餐、聊天。回到飯店休息時，才猛然想到，我居然沒想要進去賭場看一看，連去看一下下的心都沒有。太太問我，是不是怕對不起上帝？我毫不猶豫地回說：「不是，是眞的絲毫沒有想走進去的感覺。」

此外，印象更深的是二〇一六年八月，全家到美西旅遊，其中有三天是安排在拉斯維加斯。因爲正逢暑假，想帶孩子出去增廣見聞，也自認爲，戒賭這麼多年，即使到了賭城，我應該不會再對賭博有任何興趣，所以大膽把賭城也放進了行程。

但是，當班機從舊金山抵達拉斯維加斯，我內心其實有些許忐忑，隱約覺得這三天還是有某種程度上的風險，萬一……如果仍然需要靠理性壓抑，那就不是眞正的解脫與自由。雖已遠離賭場多年，我對自己的癮頭斷除，顯然還沒有絕對的把握。

當飛機緩緩降落拉斯維加斯，我第一個動作是打開機窗，跟孩子解釋內華達州南端的這座從荒蕪沙漠中，完全憑靠人類力量所建造出來，以賭博聞名於世的大城。此時的我，全然就是一個父親的心情。過去的此刻，我想必是急切地等待飛機快快降落，一心直奔上賭桌。同一個我，內心感受判若兩人。包括太太在內，我想別人單從外表絕對看不出我有任何不同，可是我自己內心百感交集之強烈，卻是如此直接而眞實。此刻我知道，我已經不是以前的那個我！

到了機場，沿途經過的拉霸機台，在我眼中，它們已經如同裝飾品般，有著一種視而不見的無感。走進金銀島酒店（*Treasure Island Hotel*），賭場居然和酒店融成了一體，走向 **check in** 櫃檯的路徑上，必須經過賭桌，這和多年前的印象不同，但雖然隨處有機台，無處不可賭。但過去那種一進賭場即控制不住的雀躍之心完全消失，此時，帶著妻兒一路穿越，腳步輕盈、心情愉悅，卻一點想玩一把的欲念都沒有；既熟悉又陌生，同一個我，卻又是一個截然不同的我。這種感覺好奇妙，難以想像或形容的無限喜悅。記得我還要努力告訴孩子，以前的我有多麼沉迷在這些賭桌，但看他們一副不相信的樣子，這是另一種開心。

那天辦妥入住手續後，一家人就在拉斯維加斯東遊西逛直到晚上近十二點。這是一種前所未有的全家共度假期之親密、愉悅感。

第二天，整天都在賭城內。這裡滿佈全世界最豪奢的頂級酒店，雖然以前就已經來過好幾回，但彷彿此時我的眼睛才被打開；過去從未細細欣賞它們內裝如此精緻，處處展現的富麗質感，相較於賭桌的單調，酒店本身就是一種美。帶著家人坐在威尼斯人酒店靠運河邊的餐廳用餐，不禁想起愛賭時的自私、過去對眼前摯愛家人的忽略，自己感到萬分可憎！

也才知道，戒賭，絕非只是不賭，而是內心重新改造了。過去被賭博蒙蔽的眼光，開始從生活中被打開，賭場酒店很美，連走在拉斯維加斯大道也超有樂趣，因爲一路上時不時就會發現在台灣看不到的超長禮車或各類超跑。幫喜歡車子的兩個兒子和稀有車種拍合照時，看著兒子們臉上開心的笑容，我內心更是無比歡喜！

這趟拉斯維加斯之行，是試煉，也是驗證，對我意義非凡——飛機降落前的忐忑之心，終於落了地！忍不住跟太太說，我好像身在疫區，但因爲體內已有抗體，所以完全免疫了！我那曾被賭博擄獲的心，已經百分之百被釋放了！脫離賭博的魔障，讓我回歸到我原本該有的角色：丈夫、父親。短短三天竟然能帶出這麼多的快樂！原來賭博不僅損失金錢，還錯過且耽誤了美好人生。

曾經有個從附中國中部到高中，一直都交情很好，現在已是美國知名大學教授的同學，知道我戒賭後，曾認眞地分析說，我不該戒賭的；他說，既然我已投入了這麼多時間與研究，累積了這麼多經驗，只要修正幾個錯誤模式就等於是專業級賭徒，怎能如此輕易就放棄?實在太可惜了！

超聰明、超厲害的這位同學，思維果然跟大多數人不太一樣。他的建議既理性又有邏輯，但對我而言，無論是賭博或股票買賣，都只是我生命路途中的一段迷航歷程。既然已經走出來，就絕不再回頭了！

我很幸運，上帝給了我重生的機會。也正因爲我曾親身陷落賭博之中，完全能夠理解賭徒人生的痛苦與掙扎。戒賭，是上帝給我的祝福，而我的現身說法，或許就是我的任務！

賭徒其實很自私

我自己點燃的 Blue Fire 烈焰，
也被我的賭癮熄滅了！

賭徒的人生通常就是一個惡的循環：爲了湊賭金、還賭債，常常會選擇非法或鋌而走險的賺快錢方式；然後洞更大更深，借更多的錢、欠更多的債……周而復始，結果就是萬劫不復。

只要染上賭癮，被擄走的，不只是心，還包括所有人生角色。賭博當下，心裡、眼裡只有籌碼、只有輸贏，根本不會考慮自己是丈夫或父親或任何角色，有時甚至連自己是誰都拋到雲霄之外了。跟很多吸毒、酗酒的人一樣，明知道自己這樣做不對，可是已經被癮牢牢吸附，剝不掉、脫不了身。

圍繞著賭，以自我爲中心思考的自私，就是賭徒的共同特質。

被我熄滅的藍火焰

我從小就喜歡彈吉他，寵我的爺爺在我小學五年級就特別幫我報名吉他個人班。

因爲興趣，加上厲害的老師指導，所以我在高中時期就順利當上了附中吉他社社長。大一剛入學時，賭博電玩玩得還不兇，還有很多時間可以彈吉他，也組了個樂團「Blue Fire」（藍火焰）。

那個年代，台灣玩樂團的人並不多，所以顯得酷炫又時髦前衛。玩樂團之後，從一般吉他換成電吉他，我每天都花很多時間拚命練習電吉他的基本動作。大一時，曾被一位吉他社大四學長讚賞過，因爲被肯定，我超開心，也練得更起勁了！

剛組樂團那一年，台大吉他社主辦了跨校的 POP and ROCK 音樂會，五個表演團體中，有兩個已出過專輯，那時我們才大一，能跟他們同台是很光榮的事。記得當時表演了全球知名樂團：Bon Jovi、Van Halen、Ozzy Osbourne、Deep Purple 的四首經典曲子：〈Runaway〉、〈Jump〉、〈Secret Loser〉、〈Highway Star〉。那年台灣才剛解嚴不久，整個社會氛圍還是極爲封閉保守，對於外來事物接觸不多，更何況是這種靈魂解放般的搖滾樂曲。我們幾個初生之犢在台上忘我演出，那撞擊人心的速度感、震撼感，以及契入心靈深處的至性呼喊，大大感染了台下聽眾；超熱情的反應，給了我們樂團無比的肯定與鼓舞。

更讓我們驚喜的是，一位知名的電視綜藝節目製作人，不僅特別到練團室看我們練習，甚至還給了我們去擔任即將開播的「青春大對抗」第二集開場表演嘉賓的機會。但當時我已漸漸陷入泥淖，每天朝思暮想的，就只是賭博電玩。練團很花時間，一首曲子的 solo 要反覆先練一兩百次才能和團員們配搭。即使表演會帶來熱情的掌聲以及見到羨慕崇拜的眼神，但是，想到打賭博電玩一點都不累，贏的話，還有金錢的回饋。比起練吉他，打電玩輕鬆太多了。我想著，如果要上節目，想必要花更多時間練習，那我不就沒時間打電玩了……於是，我想出了一個冠冕堂皇的說詞：我們樂團的搖滾精神並不是爲了要上電視娛樂節目，眞正的搖滾精神不在電視，而是現場。但事實上，這明明就是我們樂團被看見、被聽見的好機會。

如果不是因爲我沉迷於賭博電玩，如果我們上節目演出，Blue Fire 或許就會一路發展，卻因爲我的私心怠惰，而讓整個樂團，尤其是我們的主唱，失去了一個可能被發掘、發片的絕佳機會。樂團美好前途可以說就是被我搞爛的，我自己點燃的 Blue Fire 烈焰，也被我的賭癮熄滅了！

到了大四，我們系上有一場「經濟之夜」活動。主辦的學弟和同學們認眞選了好幾首歌曲，卻發現找不到合適的吉他手。他們知道我過去玩樂團，吉他彈得還不錯，於是就來找我，「拜託啦，請務必幫個忙……」我也爽快答應了。但一心在打電玩的我，雖然承諾了，卻也沒練，來不及的時候就想用混的，因爲我知道怎麼混過去。

沒想到的是，表演當天，舞台下出現了兩個人：一位是我高中同時期的建中吉他社社長，另一位是我同學的吉他老師。這兩人都是吉他高手，也是從前我玩音樂時的朋友。彩排開始，我才彈了沒一會兒，就看到我的朋友從座位上站起來，轉身走了出去——至今，那位朋友轉身離去的一幕，我仍歷歷在目！而我同學的吉他老師在現場聽，也知道我在鬼混……他後來跟我同學說，「劉駿豪退步了！」

我想，他們來看我時，是懷抱期待的。沒想到短短幾年，我退步太多了，他們親眼目睹了我的退步與墮落。我很慚愧，不僅愧對學弟和同學的請託，也辜負了這兩位多年好友的期待。但在當時，已經回不去了。

太太放一邊，賭博擺中間

出社會，尤其可以出國旅遊之後，我都會跟太太說，不要參加旅遊團行程，陪我去賭場就好。其實，太太對賭博根本沒有興趣，只能乾坐在我身邊，而且還得時常融入情境，隨著我的輸贏起伏，一起難過或開心。

結婚時，我們到紐約度蜜月，除了不可能錯過的大西洋賭城，還乘機去跟我高中吉他社的老友相聚。這趟原本應屬於兩人的蜜月，我卻用來做我自己的事。當我們的第一個孩子：女兒出生後，我們常常帶著她一起出國。所以她小時候去過最多的國家，就是有賭場的菲律賓。更荒謬的是，她常跟著我們到菲律賓、澳門或韓國，我卻找不到我們父女倆的合照。因爲我都在賭場裡，太太一人帶著她到處去逛逛玩玩。但母女倆去了哪裡，我不知道；我也不曾想過太太一個人帶著小孩會不會太累？甚至不曾擔心過母女倆的安危。

相反的，都是太太擔心我。尤其在菲律賓宿霧，從我們住的度假村（Resort）旅館到賭場之間，通常都還有一段路程，尤其我常賭到凌晨三、四點。要回旅館，如果不是搭旅館代叫，而是隨手招呼的計程車，這都會讓她憂心忡忡。因爲計程車司機知道，去賭場的人身上一定帶著大筆現金，三更半夜，沿途又大多漆黑一片，其實是很危險的，誰也不知道途中會發生什麼事。但我也總是忽略太太的擔心，來來去去無數回，心裡只有賭。

玩股票時，也是抱持同樣心態。慘賠到存款見底了，還大言不慚地跟太太說，房子沒有用，應該賣了換現金投入股市，也許有機會大賺一筆。當時老二才剛出生，我也不曾考慮萬一連房子也賠掉，無房無車無錢，一無所有了，一家子該怎麼辦？陷溺金錢遊戲期間，我有時一天就輸贏五十萬現金，但只會留一張千元鈔票在桌上，讓太太用做一整星期的生活費。

賭徒只愛自己，還美化惡習，將愛賭說是享受輸贏之間的刺激起伏，追根究柢，就是一心只爲自己，寧可犧牲別人，也要滿足自己的賭癮。我的賭徒生涯裡，犧牲的不只是朋友，連家人也不放過。更可怕的是，當時腦袋裡可能連感受到自己讓別人「犧牲」

的念頭都沒有，因爲理所當然似的，毫無愧疚之感。

很多人都以爲賭徒樂在賭中，其實到最後，也都只是周而復始做相同的事；短暫的快樂、殘存的刺激感，一次又一次累積成無形而巨大的傷害：不喜歡自己、厭惡自己，甚至，所有的人生盼望逐漸消失不見，只有內在的空虛不斷擴張，日積月累，而這股巨大的空虛感，比輸錢還讓人恐慌！

二〇一七年耶誕前夕，我因膽囊炎而必須開刀、住院，生活步調忽然間被迫緩慢下來。也因爲停下腳步，對人生有了不同思考：哪些人、哪些事才是生命中重要的元素？手術前一刻，我極度害怕，怕麻醉後一覺不醒，也才發現，原來我最擔心、最在意的，就是太太、三個孩子，他們是我一生中最該重視的。賭博的自私，曾矇蔽了我的眼睛和理智，哪怕幸福一直就在眼前，我卻視而不見。想想在賭博期間的我，從來沒有陪太太去過任何一次產檢，我有三個孩子，但不只沒陪過產檢，連孩子小時候的尿布都沒幫忙換過一次，更遑論其他爲小孩的付出了。

二〇一九年二月，帶著三個孩子到澳門，在一家還不錯的餐廳吃飯，花了一千多港幣。乍看有點貴，但這數字可能不過是從前押一把的金額，而且多數時候押注的金額還常常遠大於此。押注很大方，但不僅自己捨不得花錢在吃飯或消費上，也總是因爲賭，只能以無多的所剩對待家人。回想起曾經如此自私的自己，眞是慚愧哪！

從濫好人到活出眞我

「他不長久責備，也不永遠懷怒。」（詩篇103：9）

戒賭之後，我好像又回復到大一以前那種熱情、自信、活力充滿的性格。我樂觀地以為，事業、生活上的所有問題將從此得以解決。但是，賭癮被抽離之後，才赫然發現，陷溺賭博電玩、賭場廿幾年間，一直未察覺的負面陰影，已累積成一個揮之不去的後遺症：懦弱。

無論是大學時代沉迷賭博電玩，或是後來進出賭場，除了家人、較親近的友人知道外，外人很難從我日常的舉止中看出來，我也很怕被人看穿。所以，為了掩飾、為了不讓這惡習被發現，我隨時小心翼翼地刻意隱藏。

但很難的是，大多數賭徒都會陷入「輸錢↓欠錢↓借錢」的無限迴旋之中，我就是如此。要向人借錢，態度當然要表現很謙遜，甚至可以說卑微；小心看人臉色、唯唯諾諾，任何有機會借我錢的人，我都視他們為強者，為老大，或是借錢當下，對方的回應讓我自尊受損也無所謂，只要能周轉，我一定低頭，隨人嘲諷貶抑。

戒賭之後，雖然不必再為了金錢而有求於人，但我似乎長期畏懼他人看待的眼光，而逐漸從一個自信、自負的人，變得內外不一致；「不敢說不」已積習成為一種懦弱——

外表隨和，什麼都「好！好！好！」但心裡可能是在大聲呼喊「不要！不要！」「不！不是這樣……」

懦弱，也許本來只是諸多人性之一，但經由生命過程的轉化、淬鍊，這個負面性格有人會漸漸脫去，但在某些人身上可能就愈來愈清晰可見。我因嗜賭帶來了賭債，緊急時候不得不向人借貸，給了這潛藏在底處的暗黑因子生根、茁壯的機會。如果說賭博誤了我相當比例的人生，懦弱，更是毀壞我人生的一個更大因素。

沒錢還要借錢給別人

我懦弱性格的最明顯表現之一，就是不會拒絕別人向我借錢。

戒賭後專心回到本業，不知道爲什麼，陸續就有人開口向我借錢。或許因爲嘗過太多次被拒絕的痛苦經驗，所以我通常不會拒絕。即使是不熟的人，只要態度不差，我就會爽快出手救援，即使是跟自己有利益衝突的同業，也不會說不。而且，我不會仔細詢問或分辨對方是否眞有急用，也不管對方借錢的理由合不合理，甚至，從不要求人家寫借據或簽本票。

其實，內在理性的聲音會告訴自己，不分青紅皂白亂借錢給別人是不對的，但當時我並未順服這樣的提醒。既然隱隱知道不對，借錢給別人這件事就不敢讓太太知道。但次數多了，總是會露出馬腳。

「你是貪圖人家利息嗎？」太太不會爲了我愛賭而跟我吵架，但輕易借錢給別人，就常惹得她很生氣。我還是強辯說，我怎麼會是貪圖利息趁人之危的人呢？我只是想幫助人。嘴巴上這樣說，但心裡明知道不是。眞正原因是：我沒有勇氣說不。每次遇到這種要求，頓時間我會手足無措，不懂得該如何拒絕。

太太也不知道，其實在未戒賭之前，不時即有人向我借錢。當時我自己就常缺錢，怎可能會有錢借人。很荒謬的是，我沒錢，曾經有一個人竟建議我說，我是不是可以去辦預借現金卡？我還眞的就去辦了一張，把所有現金提領出來借給他。懦弱的另一面，大概就是浮誇；當下人家回饋我一句「謝謝！謝謝！」的虛榮感，常就淹沒了我的理性。

戒賭前我向人借錢還賭債，絕對有借有還。但別人跟我借的錢，幾乎都是有去無回。太太說，我是個財務漏水口。而金錢流失的方式，多數時候是直覺上就知道不該去碰，卻因爲不好意思拒絕而勉爲其難地接受所造成。因爲我都不會拒絕，還有種被肯定、被重視的飄飄然。這情況還不只一次，卻從未成功收場。爲了善後，不只耗費時間，更浪費許多金錢。我仍然沒學到教訓，還常安慰自己：我並沒有做壞事啊！

不過，因爲當時的我還常陷溺在賭癮的焦頭爛額中，無暇注意我會胡亂借錢給人的罩門。當癮頭被抽離了，沒有勇氣拒絕的毛病開始暴露了。爲了一時虛浮的肯定，不僅常做出錯誤的決定，也讓家人和公司連帶受到傷害。四十五歲生日的筆記上就寫著：「過去的我是個濫好人，怎知這種懦弱個性讓我只顧自己，不顧愛我的家人。」我知道如果不再調整自己的怯懦，怎能好好領導公司呢？又怎能做個稱職的丈夫、父親呢？我不想再因瞬間的不敢拒絕而長時間備受煎熬。我祈求 神修剪我的錯誤，用 神給我的頭腦多想一下，別答應太快；脫去恐懼與矛盾，才能坦蕩活出愈來愈輕盈的生命。

祂教我如何慎始

我的懦弱，不只表現在沒有勇氣拒絕借錢。工作上，不在第一時間表態、明確說出眞實想法，是另一個嚴重致命傷。持續好幾年的筆記本裡，經常可見因這懦弱行爲所產生的懊惱與追悔。

最了解我性格的太太就曾經問我，跟同事或合作對象討論人或事或物的可行性時，在什麼時間點我會發覺根本不可行？或者可能有問題？而我又會忍耐多久才爆發情緒？我不加思索、直覺地回答太太，「第一時間就會發覺，但我可以忍受一到兩年才說出來。」當這答案脫口而出時，我自己也非常驚訝！不禁反問自己：爲何不在一開始就說明想法呢？

的確，過去當有外人邀我進行某種合作時，我即使不想參與，也很少在第一時間就直接表明意願，因而常讓對方產生過高期待。不肯定也不拒絕的含糊態度，常讓我在過程中損失大筆金錢，但換得的卻是對方不爽，最後不歡而散，造成完全雙輸的局面。

不只對外的合作案，面對內部，雖然我是負責人，跟同仁意見不同時，我也習慣忍住不說，甚至會故意不處理，結果就讓拖延著的問題愈放愈糟。同事可能也知道我內心並不支持，卻也不知道我眞正的想法。爲了維持表面的和諧，大家只能虛應地營造歡愉氣氛。一旦到了非面對不可時，不是我情緒大爆發，就是同仁尷尬的手足無措。不但沒有解決問題，反而擴大了問題。

承認自己的懦弱，老實說，並不是容易的事，何況我向來如此自負！但接受之後，才能發現，原來千錯萬錯都是我的錯，問題根源就是我在第一時間沒有說淸楚講明白。跟借錢給人一樣，愼始，始終是我的盲點。

和太太的對話中赫然發現，神早就賜給了我一份厚禮，也就是第一時間的直覺與看法。我卻沒有及時把握，只是爲了表面平和的這種人世間外貌，而被鄉愿的心情所控制。

太太提醒我，應該照著我心裡的判斷做事；她說，每次我壓抑而不說，最終總是失敗收場，得不償失。歷來的教訓確實也告訴我，第一時間說眞話只有好處，沒有任何壞處，「表面上美好，卻骨子裡空乏，這都是不對的。國王沒有穿衣服就是沒穿，別做一個維持表面和諧的人，有問題就要徹底解決。現在後悔並改正一定不晚，因爲 神已經寬容、忍耐我超級久了。我不要再繞路。」

過去一團糟，是因爲染上了賭博的癮。戒了賭，內裡的懦弱浮現。多年的教訓，以及和太太的一問一答間，我好像大夢初醒。拿掉對他人眼光的恐懼、不再追求虛名；只要不傷及公司，別人怎麼看，我已經不在意。我現在也似乎愈來愈可以在第一時間就表達出心裡的眞實想法，「這種感覺實在太棒了，活得比從前暢快多了。原來我以前自以爲厲害的地方，居然是禁錮我的惡因。可見若持續假冒，就是上了惡者的當，因爲那是謊言，表面雖然沒有說出來，但心裡已建構了虛假，神一定不喜悅那種人。若能完完全全戒了這種惡習，得到的益處肯定不比戒賭少。」

「他不長久責備，也不永遠懷怒。」（詩篇１０３：９）來自於 神的聲音，表示神給了我改正的機會，所以我要順服，要勇敢！該拒絕就拒絕，第一時間就明確表達；突破所有不敢、拿掉鄉愿之心，活出眞我才是誠實，輕省地往前邁進！

太太的祈禱

一加一大於二。

「那人獨居不好，所以要造一個配偶相互幫助。」（創世記2：18）

戒賭之後，常有很多機會到各地教會去做見證，幾乎每一次我也都會分享那段沉溺於賭博與神奇戒賭的過程。聽講完之後，教友們最好奇的，經常不是我如何戒掉賭癮，反而是我太太怎麼能夠忍受我賭成這樣？「怎麼不離婚？」她到底如何陪著我一起度過那驚滔駭浪的廿年？

老實說，我也很好奇，不知道在我那瘋狂的廿幾年賭徒生涯中，她爲什麼沒有選擇離開？

南轅北轍的另一半

我們兩人個性截然不同，就如有一次我在孩子英文課本裡看到的一個形容詞：「totally opposite」，也就是「南轅北轍」——她務實、惜物，我卻是少爺個性，東西用不順眼、餐點不好吃，毫不猶豫整個丟掉；食物吃不完，她會打包放進冰箱，再慢慢熱來吃，我卻只吃最新鮮的。我們也幾乎沒有任何想法是一致的：每次去吃東西，她問我要點什麼，我點了其中一樣後，她就會說，那是她絕對不會點的；而她喜歡的，大概是我絕不會想要的。去看電影，實在不好看，不到十分鐘，我就會不耐煩，「走吧！走吧！」她會很訝異，「啥？」她覺得票都買了，沒看完很浪費。我說，這麼難看，爲什麼要浪費時間？

太太與我個性迥異，成長背景也大不相同。我是被富養著長大，母親只要求我不惹事就好。太太從小父母離異，很小時候，她是在祖母家裡長大。慶幸的是，祖母是位虔敬的基督徒，總會帶著這個小孫女一起到教會，聆聽聖經的教導與參加團契生活，在教會的各種回憶，彌補了她童年父母離異帶來的各種缺憾，因此也養成了她凡事向 神禱告的習慣。直到小學五年級，太太跟她的姊妹才回到母親身邊。母親一人獨撐單親家庭生計，壓力非常沉重，尤其常要爲錢奔波的窘境，深植在太太心中，即使成年、結婚了，她還是對金錢一直缺乏安全感。

大學一年級，她到我任職的補習班打工，我們因而得以認識並進一步交往。大學畢業不久，年紀大她七歲的我即向她求婚。當時的未來岳母唯一條件不是談大聘小聘或新房新車，而是一定要做完婚輔！所謂的婚輔，也就是基督徒決定一起攜手邁向新的人生旅程之前，爲期數周，每周必須做諮商，還有課後作業的一系列婚前輔導課程。

太太說，聽到母親提出這要求時，她腦海中只有四個字：「談何容易」！她了解以我桀傲不羈的個性，怎可能接受這嚴謹的婚前預備程序。讓她意外的是，我竟然立刻就說：「當然好啊！」其實，早在一九九八年耶誕夜的那次信仰初體驗之後，我就做了決志禱告，也決定我的一生都要在神的管教當中。

二〇〇〇年，我們完成了終身大事。婚後她才發現，平時從不休假，一心都在工作上的我，原來只是想累積假期，出國到賭場。在別人眼中，我們過著還不錯的生活，事實卻是，因爲我的好賭，我們倆經常都被錢追著跑。賭輸了，我們就得努力賺錢、調錢、湊錢、周轉。有一次太太在計程車上連絡她的家人幫我借錢，好心的司機等她掛上電話後提醒她，別傻傻地爲欠錢的先生調錢，因爲有很多婦女會背上還不了的債務，愛我的太太卻生氣那位多管閒事的司機，她對我如此地無怨無悔，我卻滿腦子都是賭博，絲毫

©Good TV 真情部落格提供

筆記本中寫下的，不只是日常記錄，最重要的，是內在心路歷程。

無論是欣喜、煩惱，或沮喪、懊惱，都成為日後人生前進方向的最明確指引！

在剛解嚴的年代，首開先例的附中第一屆露天畢業舞會，表演舞台設立在學校穿堂。

1988 年，在當年是誇張的服裝和舞台動作！

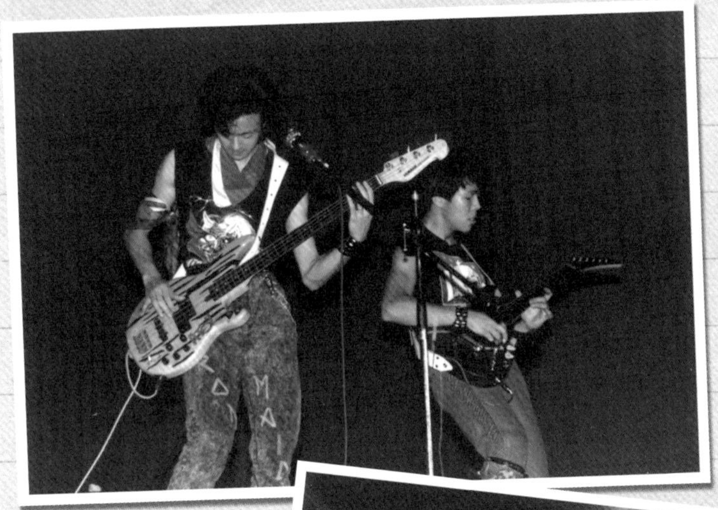

大一，
樂團表演，
上下是1988年
的台大Pop&Rock。

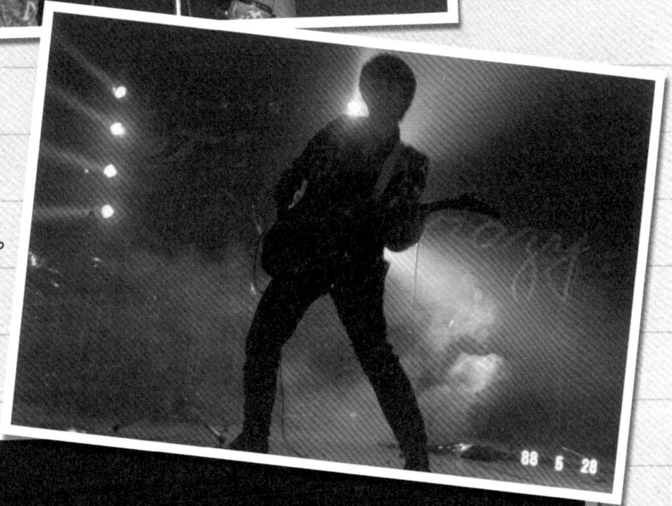

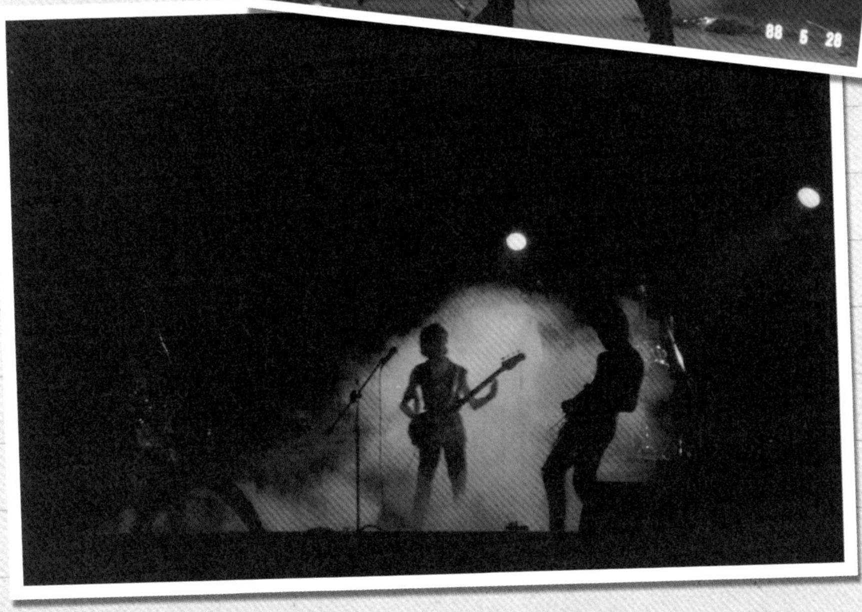

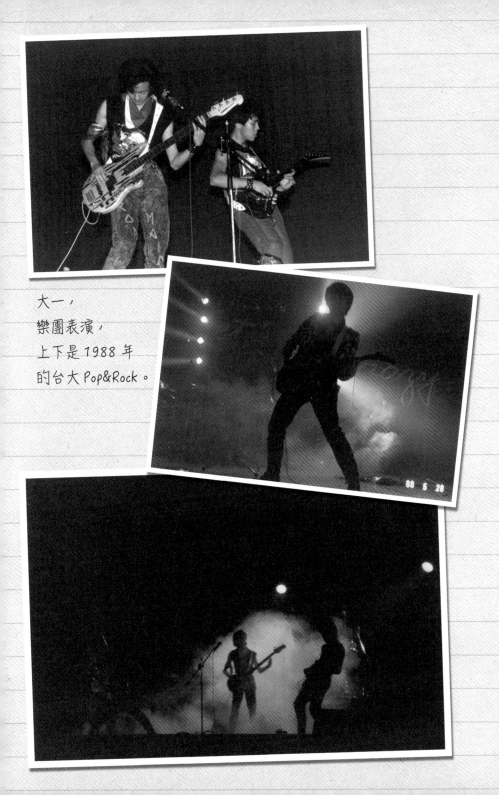

從 2004 年開始將壓力重擔每天藉由禱告書寫，至今已 21 年。
回頭看一路走來滿是恩典。

上帝真是化咒詛
為祝福的神！

原來無可救藥的
賭徒，竟能以此
鼓勵人。

聚會時帶上無可取
代且累積多年的筆
記本，總會讓人覺
得真實又新鮮。

年少輕狂時絕對想不到
有一天會和太太到處分享 神在我身上的祝福。

TFG
©Good TV 真情部落格提供
真情部落格

©Good TV 真情部落格提供
真情部落格

未考慮過太太。

神配合的，人不可分開

婚後一段時間，我們仍與我母親同住。母親雖然知道我愛賭，卻完全不清楚我們眞實的經濟狀況。第一個孩子出生後，當時才廿六歲的太太成爲忙亂的新手媽媽，還要面對因我好賭所帶來的金錢壓力，而我又是個成天在外工作的粗心丈夫，完全忽略了太太的憂愁與苦悶。

太太很無助，只能不斷詢問上帝：「主啊，祢不是說，『那人獨居不好，所以要造一個配偶相互幫助』。」（創世記2：18）但我下班回到家，當她想跟我分享每天發生的事情或心情時，整天都在外奔忙、渾身疲累的我，無力也無心傾聽，還常不耐地回她：「不要再跟我說這些事了！」隨即倒頭就睡。

其實我們一直在外租屋，尤其大女兒出生後，太太愈發希望我們能擁有自己的房子。但我們根本沒有錢，即使有錢，也早被我拿去當賭注了。對我這個守不住錢的丈夫，她雖然無奈又無助，卻始終謹記聖經上所說：「神配合的，人不可分開。」夫妻就是要信守對方，她不僅默默承受自己的苦，還耐著性子，一直陪伴著我一起經歷輸錢的緊張和贏錢的快感。因爲她深知阻止我，只會讓我加倍奉還。

太太雖然小了我七歲，但她的安穩與包容，讓我能夠毫無後顧之憂地在職場、賭場上衝鋒陷陣。事實上，她的日夜苦惱、滿面愁容，我都看在眼裡，心裡也極不捨。所以，即使沒錢，我還是硬著頭皮叫她去看房子。

太太也眞的就去找了仲介看房，而且看上了兩間，都在大安區，價格很划算。我忙到沒時間去看任何一間房，直接就請房仲找屋主來洽談。一坐下來，我就坦白說，「我沒錢，但我可以背很高的房貸。」當時我的心態是，反正每個月都已經有十七筆帳單要付了，不差這一筆。但屋主一聽到我說沒錢還想買，當場氣炸，根本不想跟我們談了，氣呼呼地把房仲叫出去。雖然隔著窗門，我們聽不到屋主在跟房仲說些什麼，但肯定不會是好話。

可能因爲當時台灣正逢 SARS 疫情結束，房市蕭條。房仲急於想有業績吧，即使驚訝於我們口袋空空，居然也敢想要買房，但還是努力爲我們跟屋主、銀行居中協調。最後，這兩間位於大安區的房子竟然都相繼成交了！一間我母親住，另一間是當時只三口之家的我們住。因相距不遠，很方便相互照應。

做妻子的，當順服自己的丈夫

三年後，兩間房就都上漲了百分之五十（50％）。也因爲房價大漲，我認爲機不可失，勸太太把兩間房都賣掉投入股市。我跟她說，將賣房的錢拿去投資股票，說不定可以翻倍，甚至能翻好幾倍。我也知道，太太很捨不得賣房，但她還是支持我的提議。

後來我才知道，在掙扎是否賣房時，太太在禱告中，神給了她一節經文：「做妻子的，當順服自己的丈夫，如同順服主。」（以弗所書5：22）。雖然她的天然人非常反對賣房子變現，讓我投入股市，但她爲了不想和我爭執，內心知道阻止我也沒用，於是她做了一個很深刻的禱告：「好，上帝，今天我挺祢的法則，順服我丈夫。但是我相信，祢也一定會挺我。因我的 神必不撇下我，也不丟棄我。」那種對未來一無所知，但仍對 神單純的相信、單純的仰望，就像人的盡頭，是 神的起頭，是一種全然的交託。

而在百般不捨賣房時，她只跟我提出一個要求：要將賣房所得做十一奉獻，我當然一口答應。她的開心完全溢於言表，她說，終於可以從一個窮孩子變成有能力奉獻的人了！她也告訴我說，從那刻起，她愈發相信，主必看顧她；因爲她把得貨財力量的主權交到 神的手中，她心裡有極深的平安。

但是，對於我的賭癮，她早已絕望到底，從不敢奢望也不相信我戒得了賭癮。所以她從未向 神禱告我能戒賭。在我被 神醫治、抽離掉賭癮之前，她每天的禱告都非常務實，「主啊，明天需要卅萬，沒錢了，怎麼辦？」都是具體祈求 神能幫助我們度過最迫切、最燃眉之急的錢關。

很長一段時間，我們幾乎天天生活在被錢追著跑的窘境裡。即使太太得到上帝信實回應的兩間房，仍因爲我的賭性，連這基本的安居之處也都被我當成籌碼了。

幸好太太在心意上不斷地仰賴 神、不停地跟 神恆切禱告，「不要倚靠無定向的錢財；只要倚靠那厚賜百物給我們享受的神。」（提摩太前書6：17）經文的力量，支撐著太太度過我那荒唐的賭徒生涯。在太太心中，我的賭癮能夠被抽離，完全就是來自神的禮物。

超級賢內助

二〇〇九年，四十歲的我在筆記本裡寫著：「回顧過去四十年，我最感到驕傲的事是：娶對老婆（神所賞賜）……」直到現在，無論是每日或每年在筆記本裡算數所有我已得著的恩典，「賢妻」都是排在第一個。

事業打拚近三十年來，如果不是有太太這位超級賢內助，我怎可能完成這麼多工作？我能力單一，而且有很多性格上的盲點，倘若只我一人單打獨鬥，失敗的機率一定遠超過成功率！

在人生路途中，陪伴著我，一次又一次能讓我從失敗中再起的人，就是太太。至今在公司經營上，太太的協助與支持也補足了我的缺點。雖然既是夫妻，又是同事，一年三百六十五天幾乎朝夕相處，多少會有意見相左或小摩擦，但我告訴自己，「對太太要凡事讓步，因爲她即使付出再多，都從未跟我計較。」

曾經，神透過一位學姊之口告訴我：「你與競慧的合一，要成爲許多破碎家庭的祝福。」我們的確正在這條道路上攜手前進！

我的人生玩伴

原來，她不只喊了「吹點」（廣東話），
還眞的朝我正在捲牌的右手大力吹了一口氣！
她的存在，對我就是一種提醒。

有人說，伴侶，就是完備自己，讓自己成爲更完整的人。我不知道這話對不對，但我曾跟太太說過，雖然我們倆的交集非常少，卻也表示我們之間的聯集很大。如果說我像匹野馬，難以受限，她則是唯一能套在我脖子上的韁繩。這世上我唯一會聽勸的人，可能就只有她了。雖然我們個性截然不同，我卻很明白，如果沒有她，我早就不知到哪裡去了——也許仍流連在賭場，也許早就被騙光光，也許爲了賭而走向旁門左道——我能夠撐到今天，而且活得幸福且充實，最重要關鍵就是她。

另一半，我最強大的啦啦隊

她討厭我賭博，但她不會用斥責或吵鬧阻止我，反而是以一種很有智慧的方式陪伴著我。所以從還是男女朋友時代，到結了婚，甚至有了小孩，幾乎每一次去賭場，我都會帶著她同行，她也不耐其煩陪在我身邊。賭博過程中，她不會亂給意見、從不下指導棋：「你剛剛押錯了，你應該如何如何……」絕大部分時候，她只是靜靜坐在一旁。當她覺得無聊了，才會說，「你專心玩，我先去外面逛逛。」

因爲陪著我，她成了不賭的賭場常客。現在回想起來，讓她陪著我賭博，實在是一件很殘忍的事。她不賭博，而且個性節儉，但我每一次的輸贏數字都很大，眞不知道她到底如何平復內心的激烈震盪。在我記憶中，每次賭博過程，尤其輸錢時候，她從未對我擺過臭臉，反而是盡量融入我的情境——贏錢時候，跟我一起開心，有時候看起來甚至比我更開心。但輸錢時候，她依然鎭定如常，還會安慰頹喪的我，「哎，可能太累了不容易專注，要不要先回去休息一下，養足精神再來？」或者建議說，「要不要換張檯子？換換手氣？」雖然說沒有理性的賭徒，但在我潛意識裡，大概知道有她在，我就會比較有所節制，不會玩過了頭。她的存在，對我就是一種提醒。

每當我輸了錢，無論數字有多龐大：卅萬、五十萬，甚至上百萬，她始終保持一貫的沉著，不吵也不鬧。因爲我的好賭，她的禱告內容都很實際，嗜賭那些年她最常祈求神：「主啊，救救我，也救救我先生，沒有錢了，怎麼辦？」

但我們幾乎不曾因爲我賭博而吵架，包括賣房子玩股票，到最後全部認賠賣出，財產歸零，她也從未因此跟我爭吵。我眞的從未想像她內心到底有多煎熬。直到有一次，聽她在教會見證，我才知道，當我決定把東豐街的房子賣掉，加碼投入股市時，她說，她在心裡已經把那個房子賣掉的金額歸零了，她只求上帝能挺住她。原來，從不抱怨的她，所有的擔憂、焦慮，除了向 神求援，就是自己默默承擔。

她洞悉我，也完全看清賭場徹底掌握人性的弱點，尤其，賭徒總想合理化再給自己一次扳回來的機會。所以，隨處可見提款機，現金用完了也沒關係，還可以用卡片提領現金，更有地下錢莊提供金援，讓人可以用護照借錢。一旦進入賭場，就是走進一個看不見底的吸金深淵。所以去賭場，我只用現金，也從不借錢。因爲我們都很清楚，一旦碰觸地下錢莊，就眞的沒有回頭路了！在賭場借錢，絕對是更可怕的致命傷。所以每次出國玩，我都是帶現金，很少帶金融卡，原因就是不讓自己有機會再領更多錢，只要現金輸光就收手。

她是我賭桌上的客觀第三者。還記得有次在澳門玩百家樂，手上拿著兩張牌，瞇牌時候，我先看了一張牌側面長邊，是一條線，代表是0點。另外一張牌的側邊有四個點，代表這張牌不是9點，就是10點。翻開，如果中間是一個點，那就是9點，超完美，也是所謂的「natural win」，因爲9點是百家樂的最大點數，代表絕對贏定了。但如果中間是兩個點——10點，也就等於0，就如從天堂跌落般，災難一場了！

當我要瞇這張牌，正從另一側漸漸捲起，心底期待著最好不要看到點，因爲如果中間只有一個點，捲起來時，就看不到點……就在慢慢捲起的過程中，突然感覺右手邊有一陣風吹過來。原來，她不只喊了「吹點」（廣東話），還眞的朝我正在捲牌的右手大力吹了一口氣！在那一刻，我覺得，哇！她眞是我身邊最強大的啦啦隊，永遠都在爲我加油！這也是我帶她到世界各地賭場，印象最深刻的一次。

曾在一個訪談中，我大言不慚地說，如果不是考慮到老婆、小孩，也許我就沒有後顧之憂；如果我是單身，就不會凡事縮手縮腳，反而可以放手一搏，說不定就贏了……其實，嘴上雖這麼說，但我內心很淸楚，這些都只是不願認錯的藉口。

這就是賭徒的自私，只考慮到自己。當我還陷落在賭博泥淖時，絕不會因爲有太太跟孩子就不賭；失敗的人都習慣找戰犯，總認爲輸的原因是因爲心裡要考量的事太多。我也只是在爲自己的失敗、爲沒有大贏找藉口罷了。賭徒的悲哀與可惡，就是根本不會考量到可能會對身邊所愛的人造成傷害。

同進同出，形影不離

雖性格迥異，但換個角度來說，我們卻是一加一（1＋1），成爲最佳夥伴；事業上，我們互補、各司其職，發揮各自特長而成就最大效果。不只是夫妻，也是事業的搭檔，我們相處的時間很長；從家庭生活到工作，我們同進同出，幾乎形影不離。常聽說很多伴侶因公私不分而產生摩擦，帶來衝突，但我們卻像倒吃甘蔗般，從二〇〇〇年結婚至今，廿四年了，感情之路愈走愈順遂，也愈來愈有默契。現在的我會盡量避免去做讓她不開心的事，因爲她開心，我就開心。

戒賭後發現，我們原本完全不同的性格，卻因爲 神的恩典，賜予我們相同的喜好：喜歡一起在街頭漫步、喜歡走進博物館欣賞歷史與藝術、喜歡在旅遊中了解世界各地的文化。這都是過去的我不可能會做的事。

尤其太太的語言能力讓我佩服，不僅法語流利，英語也暢行無阻，加上個性開朗大方。她在與人溝通時，又總是充滿幽默感與戲劇性，更重要的是，在旅遊途中，無論和在地司機或餐廳服務生交談，她都能充分發揮平日閱讀所累積的廣度與深度。和她在一起，即使到了陌生的地方，也都充滿樂趣！

常有人問我，如何形容我跟太太的關係？我都說，太太是我的人生玩伴。還記得我們要結婚時，有位認識我倆的補教界名師就半開玩笑地說，劉駿豪是打著如意算盤結婚的；意思是說，我不是因爲愛昏了頭，而是在精打細算下結婚的。我心想，怎麼被看穿了——他的確破解開了我爲什麼決定和她人生結伴同行。

結婚二十四年了，我和太太無論在工作、傳福音、旅遊、生活、教養小孩，都密不可分。如此完美的婚姻生活，我既感恩，也感謝 神賜予我一個伴侶。

我想，婚姻本來就是一種互補。每個人都有優缺點，但沒有人是完美的，我完全不在乎她的缺點，何況，她包容了我更多的缺點。重要的是，在我眼中，她講話很dramatic（戲劇性）、又有趣；她的務實，穩定了我急躁；她的寬容與耐性，陪我度過重重考驗。這或許才是我內心潛藏的「如意算盤」。我們相與爲伴，一同走過人生幽谷，一起努力工作，一起享受假期，一起歡喜傳道，這才是我生命中最大的祝福！

神奇筆記本

坐下來寫筆記本，
成爲我每天最寧靜，也是全然屬於自己的時刻。

我太太本來就是一個虔誠的基督徒。初交往時，我會陪著她去教會，她也經常跟我傳福音。但我常愈聽愈生氣，有次還跟她說，「妳再跟我講耶穌，我們就不要在一起了……」經過這麼多年，從排斥到信服，信仰已徹底深入我的骨子裡，成爲身心的一部分了。

福音書裡，處處是耶穌醫治人的故事。我深深相信，我的賭癮也是被耶穌醫治了，所以才能不可思議地將賭博惡習瞬間拔除。而至今已持續廿一年的每天寫筆記本，也像戒賭一樣，是另一件神蹟奇事。

從小到大，我沒有寫日記的習慣，也從未想要嘗試開始，可能覺得字醜，加上我性子很急，無法安安靜靜坐著寫日記。我唯一寫過的日記，是國中一年級時跟同學打架，被訓導主任懲罰我跟對方，兩人都要寫半年日記，而且每天要交給訓導主任檢查。由於拿著日記走進訓導處是羞愧的，所以我們兩人時常猜拳，輸的人負責去交日記本，這段記憶實在太深刻了，所以我對寫日記這件事就更加地反感。

上帝的第三巴掌：遇見神，也遇見自己

為什麼會寫筆記本？最初也不是我自發要寫的。

二〇〇四年，我正處於事業最低谷。有一天，有個不同教會的教友突然跟我聯繫。這位教友在電話裡說，當他在禱告時，神透過他有話要對我說。我其實有點莫名其妙，因為我跟這教友並不熟，但還是跟他約了見面，在仁愛路圓環，以前的雙聖冰淇淋店裡。見了面，這位教友就跟我說，「神說，祂打了你第一巴掌，這次呢，祂打了你第二巴掌……」聽完，我簡直目瞪口呆！這人是靈媒嗎？怎會知道我發生了什麼事？因為我心裡很清楚他口中所謂神打了我第一巴掌指的是什麼——我先前因急於一步登天，導致第一次破產。第二巴掌，則是當時再度破產，而且公司同仁還幾乎被挖光了。這位教友說，神還會再打我第三巴掌。我聽了膽顫心驚，還不夠慘嗎？到底還會再發生什麼事？

他還說，神的巴掌將一次比一次重。但是，他叫我不用擔心，我一定承受得住。聽到他這麼說，我的心情才從惶恐、困惑中，稍微放鬆了些。接著，他問我，有沒有寫靈

修筆記的習慣？我搖搖頭說沒有。於是他告訴我，「現在就開始寫，將來一定會用得到。」我對他所說的話，半信半疑。但既然他說是 神要透過他傳話，我就照做了。

還記得當時是三月，我就在隨身的一本工作日誌空白頁開始動筆寫了。白天太忙，只能利用每天睡前十五到廿分鐘，寫下一天的重點心得。最初幾年的筆記內容大多是聚會聽講的收穫，或禱告或抄寫當天所閱讀的經文。而當時禱告的內容，不外乎自己和家人的健康以及工作方面，還有人際關係之類。一開始所寫的內容，短則數行，長則半頁，或多一些些，有時還因爲忙到已筋疲力盡或者偷懶，會略過好幾天沒寫，所以也會留下空白頁。

緊湊、忙碌的工作節奏，坐下來寫筆記本，反而成爲我每天最寧靜，也是全然屬於自己的時刻。雖然只是短短廿分鐘，卻彷彿是我在省視自己，更是與 神對話的神聖時刻；反省自己每天做的事、犯下的錯、遇到的困難或愁煩，更重要的是，向 神禱告，祈求 神的指引與幫助。因爲不是爲誰而寫，也不是要給任何人看，所以無需修飾，只將心裡所想到，順隨心意，全然坦誠地一一寫下。

其實，當年那位教友問我有沒有寫靈修筆記時，我並不清楚靈修筆記究竟是什麼。後來才知道，所謂的靈修筆記，是指讀聖經時，心中有所感而寫下的心得筆記。我卻在不知所以的狀況下，誤打誤撞，以自己的方式寫下靈修筆記。也許不能說是道地的靈修筆記，卻是我眞眞實實的生命筆記。

就這樣寫著寫著，情緒不好時，也許是憂愁、憤怒，或遭遇各種釐不清的人事物問題時，透過筆下的一字一句，一一傾瀉、記錄下來。很奇妙，每當寫完，內心的糾結困頓、低落茫然，似乎也就被清掃而出，並且沉澱、淨化。紛亂的思緒被整理了，甚至成爲一股往前進的驅動力。

筆記內容也從一開始的短短幾行，漸漸寫滿一整頁，甚至必須寫到頁面線條外的上下左右空白處，密密麻麻，似乎要滿溢出來；字也愈寫愈小，就怕字寫大了，太佔據空間，裝載不下這一天所要記錄的所思所感。

內容還是反省居多，從日常瑣事、戒賭前的不安與懊惱、戒賭後的自在安穩、陪伴家人的平實豐盛……爲什麼可以有如此堅持的動力每天寫？我認爲這是神蹟！似乎有一股無形的驅策力量，也彷彿在寧靜之中，有個聲音在引領著我，依稀是從耳朵聽見，也好像從心底發出。雖然我不確定那聲音從哪裡來，但我確定我聽見了那話語。我如實將這些化爲筆記文字，我只是個忠實的記錄者。

一年又一年過去，筆記也寫成了一本又一本。雖然我的生活範圍還是環繞在家人、工作、同仁、學生，但愈寫愈多，思緒也透過寫筆記愈來愈清晰；好像 神透過這些字句在教導我，不論是在寫的當下，或日後重新去翻閱，都像解開謎題般開心。我被安定、被調整了，面對自己、面對生活與工作，我一直在轉變，愈來愈純粹，愈來愈自在。

一股暖暖的感覺上心頭

二〇〇九年五月，我跟太太受邀到「眞情部落格」錄影分享從嗜賭、負債到重生的轉變過程，節目中我們也分享了這些筆記本——當時才寫到第六本（二〇〇四～二〇〇九），記錄著那六年的工作、信仰、省思……等。那是第一次我公開分享自己所寫的筆記本。最後播出時，製作單位就將這集錄影主題定名爲「神奇筆記本」。

坦白說，剛接到「眞情部落格」錄影邀約時，我心裡壓力很大，不斷躊躇著：一旦節目播出，不就等於公然承認過去的賭博惡習？雖然那時我已經戒賭，但問題是，只要有心人從中截取一段，斷章取義地大肆宣揚，豈不糟糕?!

當時我眞的非常猶豫，反覆考量到底要不要在螢幕前講出嗜賭的過去。最後，我決定坦然面對，公開誠實告知我曾經的沉迷。因爲換個角度思考，如果有心人要用我在「眞情部落格」節目中的陳述攻訐我，就必須把完整見證內容看一次，我覺得這樣似乎也不錯，能夠看到全部的見證，對傳福音一定有幫助。

雖然現在分享這段錄影前的心路歷程已顯得無足輕重，但在當時還不確定能否跨過面對質疑，甚或被誤解、攻訐的門檻時，心裡有如懸掛著一顆千斤般沉重的大石頭，每天都焦慮難安。幸好，節目播出後，得到的都是正面回饋，心中那塊大石頭才落了地。

更在意料之外的是，節目中所分享關於寫筆記本緣由、對我自身所產生的轉變，讓許多人印象深刻，筆記本也從此成爲我的標記。在這麼多年過程中，我也曾問過自己：這麼誠實不諱的直白內容，萬一被人偷看到怎麼辦？但再仔細想想，大不了就是被家人看到而已，但我完全不擔心被家人看到，因爲那就是本然的我。後來，我甚至還分享給同事看，讓他們了解這個老闆眞實的內心世界。特別的是，看過我筆記本的同事，有人也開始寫自己的筆記了。這是我始料未及。

沒想到，寫下這些日日反思的筆記，不僅讓我更了解自己、自己的心靈也更被淨化，對他人竟然也具有無形的、靈性的正向影響。世上還有任何有形的回饋，能比這更珍貴、更具意義與價值嗎?!

寫筆記本已成爲我生活不可或缺的一部分了。爲什麼能有如此堅持的動力，每天寫筆記？堅持並非我的天性，但我做到了！在幾乎每日行程滿檔，筋疲力竭的睡前，竟然還能動筆寫，而且愈寫愈多、愈上癮。表面上要花一點時間，但向來安靜不住的我，卻從不曾對寫筆記感覺厭煩，反而覺得這是一天中最美好的時光。有時睡前正在跟太太講話，突然想到還沒寫筆記，就會立刻跳下床去寫。即使出國，也都會將筆記本放進行李箱，如果遇到跨年，還帶著兩本：一本是已寫得滿滿滿，代表著這一年就要結束，另一本則是全新空白，新的一年即將開始。

其實，我是個凡事怕麻煩的人，唯獨對於寫筆記本從不覺得是個麻煩或負擔，反而認爲是我最重要但最輕鬆的任務：「每當拿出筆記本時，都有一股暖暖的感覺上心頭。以前不會細究這個感覺，但現在發現，這就是與 神親密的時刻。就像現在，晚上十一點多高鐵北返的路上，突然想寫下些什麼，原來不是被制約而寫，而是我自己想這麼做。」的確，每天都會產生這種溫暖的感覺，就好像有一位我非常敬重，又很關懷我的長者，在等候我跟他說話。

有一年元旦前夕，我必須開刀住院，簡單行李中，筆記本就如隨身之物，也跟著我進到醫院。雖然術後身體仍虛弱，躺在病床上的我依然不忘寫下當日聞思。也曾經有一年元旦假期，我和太太在瑞士少女峰，當天的筆記，也在這裡完成。寫筆記成爲我所有心情的寄託、出口，這習慣也如飲食起居，如空氣般，成爲生活不可或缺的一部分。

第122天，9年以後，終於在飛機上又拿出了筆記本，感謝主！感謝主！
我和鍾慧芬帶著三個孩子在前往法蘭克福的飛機上，這是何等地恩典啊！我很難述說內心的感動，因為必須要多種條件同時存在才能擁有這趟旅程，光有錢是不夠的，再加上時間的因素

26 四 Thu 26-339

也還不夠，只想對主說，謝謝主的賞賜，不是靠我掙來的，更不是我應得的，只有感謝！我知道也不是未來我該還的，若要說算我已得到的，還不完也還不了。謝謝耶穌！謝謝祢！
今天起床後想到裴正均牧師在92年客時接西是我要去聽他在兩個月前講的信息，在聽的過程中我數度落淚，彷彿神在告訴我答案：過去幾個月的我為何壓力大到近乎無解，就是因為我沒想清楚「主權」的問題。裴正均牧師引用約書亞記來說明真是到位，那段經文我不知道已看過多少次了，但我卻絲毫沒有從中得到啟示。神對我真好，在我最低潮的時候讓兩位最好的牧師分別來陪伴我、安慰我，而且是兩位完完全全不一樣的模式。神太好了！人果然又渺小又脆弱，並且毫無創新之能。

1

神做的工都非人能預期，連想像也是，讓我醒悟，給新方向，扭轉悲傷成為出路，樣樣事都是全新的。讚美獨行奇事卻又如此愛我的主！我要不是完完全全地聽從主，與了「信靠」，不是用嘴隨便說說，而是打從心裡真正相信「唯有主才能有主權，其它任何受造物皆無資格」！哈利路亞！從今以後我要練習只開心「神的劇本」！拿掉我自以為的任何方式或範圍。阿們！
然後神要我看耶利米書33章20節前後，並說我一定能得到啟示。
耶33:20 耶和華如此說：你們若能廢棄我所立白日黑夜的約，使白日黑夜
2014.1.25 2014 台灣國際藝術節講座｜談英俄劇場發展與演員訓練／主講者：蔡柏璋／3樓 Forum
2007.1.26 吳恩家家《藍色情詩 Blue in Love》簽唱會／4樓音樂館
不按時輪轉，就能廢棄……
→ 所以神要使何人興盛，誰能興盛，還要能延長什麼呢？神是全能的

第123天，感謝主讓我們全家一大清早平安抵達法蘭克福，提早移動到旅館也是不到九點鐘，遇到櫃檯兩位非常好的人員，

1 ● January 2023

不但解決了我們四個人的加床問題，同時讓我們提早入住房間，感謝主！所以稍做梳洗後就出發去逛城市。

27 (五) 我們一起享受了美好時光，有道地的午餐和精緻的晚餐，一家人在一起生活。場景從台北轉到了法蘭克福，若是在台北，根本不太可能有停格的時刻，常常在家裡跟家人們講話時也同時回line，非常地沒有品質，在國外的狀況好得太多了，彼此講話就是講話，這才是家人們應有的相處模式。過去被社群和手機資訊嚴重破壞了家庭生活，求主讓我們回到台北之後好好地改正過去幾年的錯誤模式，使我們拿回生活的主權，不再被那些完全不重要的訊息干擾，因為不去太在乎每一份資訊，原來根本不需在意的人和事，竟然在人們的生活中引發了那麼多、那麼大的影響，而且甚至擾亂，使主動人不得不進入瞎忙模式，接下來就像一個不能自主的[illegible]陀螺轉個不停，終究沒有意義地空轉，太糟糕了！原本因為資訊系統的大躍進，人們應當可以用更少時間去完成更多的事，照理說是節省，但就是因為突然多了太多的「回應」，又塞滿了人們的生活，而且更緊湊了，何時人們能夠「脫離捆綁呢」，那時才是恢復自由的時刻吧！懇求主救我、賜智慧、聰明、能力、權利，使我們成為被主約束的人而不被世界的設計所制約、轄制。感謝讚美主！

~~一新年四~~開春起就要五天開車、開車的自由行程，求主保守我們平安，求主引導我們走蒙恩的行程，謝謝耶穌！

去飛機降落前一個多小時的讀經很有意思與得著，求主繼續帶領我！

一	二	三	四	五	六	日
						1
2	3	4	5	6	7	8
9	10	11	12	13	14	15
16	17	18	19	20	21	22
23	24	25	26	27	28	29
30	31					

1 January

在書寫中看見

一頁頁、一本本地翻，讀著讀著發現，
原來過去曾比現在更慘！
原來曾有過這麼苦悶的心情！
以一次次的困境經驗爲師，化爲前進的勇氣與鼓舞。

每一本筆記寫到最後一頁，也代表著一年已然結束。即使已持續寫了這麼多年，每寫完一本，也就是要換新一本時，我仍經常問自己：明年還會繼續寫嗎？所以，每年一月一日都很特別，不僅是新一年的開始，也是新一本筆記第一頁的起始，下筆時，心裡會油然產生又將踏入一個新的未知階段，可能又將遇到大大小小的諸多挑戰。於是，也會有一種迎接未來──無論是好或不好──全力以赴的心理準備。

能天天透過寫筆記本與 神對話，是奇妙中的奇妙。每當有人問我爲何能天天寫這麼多文字？坦白說，我也不知道。只能說，所有的內容都是我想向 神傾訴的，而想說的話也都是我所聽見的，我只是受到了引導，只是忠實記錄。

我常常會去翻閱自己所寫過的內容，尤其是遭遇艱難時刻，我更會從筆記本中回顧過去遇到類似困難時，我曾經如何處理或面對？而這「過去」，可能不只是前一年、兩年，可能是過去的很多年。一頁頁、一本本地翻，讀著讀著，有時會發現，啊！原來過去曾比現在更慘！原來也曾有過這麼苦悶的心情！於是，過去的記錄即成爲當下處理困難時的參考與支持，甚至，以一次次的困境經驗爲師，還能化爲莫名的前進勇氣與鼓舞。

穿透紙背，我手寫我心

看過我筆記本的人，常會訝異於我的筆記竟然全都是手寫，也都忍不住會問，電腦這麼方便，爲什麼還用筆、用手、用紙本？電腦與手機也還有聽寫功能，只要用說的就可以，連鍵盤都不用敲。向來說話更勝於寫字、寫文章的我，曾經嘗試對著手機敍述，想讓聲音直接轉成文字，卻發現行不通。與人對話、演講，即使是站上大舞台，我都能從容不迫侃侃說出。筆記內容，我卻無法用說的。握筆寫字需要多一點時間，心手之間好像有點時間差，但好像多了一些些思考、靈感或專注。拿著手機和握筆，就是不一樣！

工作上，我完全倚賴手機完成各式各樣工作，唯獨寫筆記，我持續手寫，因爲它完全是我內心的呈現，有種說不出的心手相連的實在感。

我也發現，靜下心，用筆寫成的字字句句，是一種眞實又完全的融入，就像人家說，我手寫我心，一筆一畫、一字一句，呈現的就是我當下的心情與感受；情緒強度、情感溫度，都掩映在字裡行間的下筆力道、字跡端正或潦草裡了。當我翻閱以前寫的筆記，有時字跡潦草到自己都看不懂，就知道那一天的心緒有多紊亂；有些頁面塗塗改改，有些則因重複翻查，覺得重要而補上了五顏六色的線條，時不時還發現，落筆的刻痕都透過紙背凹陷凸起——這一切，都是書寫當下內在的思緒與提醒。

筆記本裡忠實記錄下我每日的作爲，坦然說出自己的軟弱與不安、懊悔與慚愧，或者歡喜與感恩。這些內容，不僅是安靜的自我反省，更彷彿是和 神的親密對話，讓我不斷得到教導、啟示與模塑。所以當我不斷翻閱、重新省視這些內容，才發現，原來神不斷藉由環境與事件在教導我。也就是，多年來發生在我身上的一切、當下的思考、情緒、決定或選擇，以及最後的結果，就是不斷引發我內在變化的觸媒，指引我走在人生道路上的方向。

當奇妙的數字出現

寫筆記本最初幾年，我的心依然常被財務捆縛著，筆記內容也大多以此為主。二〇〇九年一月十九日那頁的筆記內容寫著：「明天是必須補稅九萬多元的最後一天期限了，神告訴我不要擔憂，也不必向太太開口，祂會供應。可是，我還是很害怕，因為我存摺裡只剩九千五百元……」於今回首，對於自己當年的窘迫狀態雖備感慚愧，但 神自有其回應與安排，「約莫下午兩點多，老闆突然叫我進辦公室，給了我一筆錢，遠超過我所需……」當下第一反應當然是困頓解除的如釋重負。下一刻，心中油然生起的是，人無知而渺小，仰望並且禱告交託，果真是最智慧的選擇。

連續寫筆記本已經第廿一年了，對 神的信靠愈加深刻，而 神似乎也會透過我寫筆記本，帶引我學習、前進的方向。

最奇妙的寫筆記本經驗莫過於在一些特別時刻，我腦海會突然冒出一個數字，可能是七十（70）、一二五（125）或一〇九（109）。剛開始時，我對於這些數字到底是什麼，只感到一頭霧水。幾次經驗後，才知道這些數字代表的就是天數——神要我記錄下這數字出現後的這段時日期間將在我身上所發生的一切。所以，每當有個數字靈光閃現時，內心也總有一些忐忑，因爲累次經驗告訴我，肯定又有難題要出現，又要經歷一段難熬的時日！我不知道 神爲什麼這麼做？爲什麼是這個數字？我只能依著所發生、心裡所感應到的，忠實地寫下來。

當腦海閃現了數字靈光的第二天開始，我就會開始在筆記本上標示數字：1、2、3……代表這是第幾天，譬如在某次一百二十五（125）天期間，筆記頁面標示著「第98天」寫著：「今天不輪我上去分享是對的，因爲我的內心好亂。……主啊，若我沒有向祢吐訴心聲的機會，眞的不曉得自己會做出什麼樣的傻決定，感謝 主救我……」筆記裡也寫著：「親愛的耶穌，我的心情好糟好糟，因爲我看不到盼望，除了從心裡相信 主必能帶著大家完成使命之外，我從現況及身旁的群體，一點都沒希望，若不是我知道 神一定能，早就失了信心，甚至退出現有戰場。求 主對我說話，增強我的信念……」

預言般的見證記錄

寫下這些內容不久，到了第一百（100）天前後，突然我就接到了一位教會弟兄電話。筆記本裡記錄著：「感謝　主讓我跟這弟兄在短暫的聯絡中，提到我的低潮……」這位弟兄曾在教會裡聽過我的分享，大受激勵。當他在電話裡感受到我的沮喪，他認為我的禱告都會得到回應，所以提醒我：「你的禱告都有　神明顯的回應，你為什麼不跟神禱告呢？」這時我才如夢初醒，是啊，這麼好的求援管道，我竟然忘了?!

又過幾天，已經好久沒有跟我連絡的牧師約我吃飯。聊了些什麼印象模糊，只記得見面結束前，他說，兩個月前他曾在台北靈糧堂宣講了一個信息，叫我回去聽。當下我只是不斷點頭感謝牧師的好意，但沒有多想會是什麼樣的信息。而且因為我接下來太忙碌，又耽擱了好幾天都沒聽，也幾乎忘了。大約一星期後才想起這件事。

一聽，我完全傻眼！整篇信息聽來，好像是特別為我而說的。事實上牧師是在對眾人分享，一場對所有弟兄姊妹的講道，為何聽起來像是單獨對我一人所說，又像是回應我禱告的答案，所以我從頭哭到尾，覺得　神非常關心我，因爲那一定不是巧合，彷彿是特別爲我所安排的指引。爲了確認我那觸電般的強烈感受，第二天一進辦公室，我還找來了工作上最核心、最得力，也最清楚公司大小事情的同事N，我將牧師的整個分享播放給她聽。N一聽完，抬起頭、滿臉驚訝地跟我說，「沒錯！這完全就是在告訴你答案，好神奇！」

事實上就在那段時日，我正因爲許多方面的綜合壓力而心情備受煎熬；所造成的痛苦，不但讓我陷入莫名低潮，更出現了前所未有的嚴重口角炎。而且當時即將農曆年假，眼看著早已計畫好全家要到德國旅行的日期逼近，如果我那糾結的心沒有被處理，如何帶著全家開心出遊呢？

牧師的信息救了我！在筆記本裡標示「第一百二十二（122）天」的頁面上，我寫下了：「彷彿　神在告訴我，過去幾個月的我爲何壓力大到近乎無解？就是因爲我沒想清楚問題。」那期間一直遍尋不得其解的困頓瞬間被化解了。我豁然開朗！

到了第一百二十五（125）天，又一次試煉結束的這一天，我在筆記本裡寫著：「謝謝耶穌送給我這恢復且重新建造的一百二十五（125）天，眞不敢想像，如果沒有這一段受 神眷顧的期間，我會多麼沉淪、失落，跌倒後可能再也站不起來，將憤怒如世界裡的某些人一樣。找不到 神的生活是黑暗的，但 神引導我在舒緩的氛圍裡被呵護、得啟示，可以安全地改正自己……」

這麼多年來，這種「預言式」的見證記錄，在我筆記本裡隨處可見。而這種在禱告時「被預告」的「靈感」，聽來的確有點玄，我也無以名之，更無法從科學或理性方式解釋。

在全球爲之恐慌的新冠疫情期間，一陣慌亂中，我也曾預先得到 神的安定訓練：「嶄新的一天！昨晚結束了第五十二天的禱告，感謝 主洗滌了我的心靈，使我重新歸回……」這天一早，也就是二〇二一年疫情提升至三級警戒，政府宣布了從五月十九日到五月廿八日，全國補習班都必須停課的震撼消息。若不是從三月底開始，神在我寫筆記本之際，就要我爲補習班的下一階段做五十二天的專心禱告，原本就已經爲執行新計畫而感到不知所措的我，在接收到政府公布的訊息時，肯定會更焦慮更不安，「但今天卻過了完全不一樣的新日子，和家人慢活了一整天，快樂無比……」神已不再讓我跟從世間那獲利至上的企業經營價值觀了。

各種 神的禮物，有些顯而易見，但多數的禮物是包裝過的祝福，需要細心去體會並發覺。寫筆記本是恩典，若沒有這與 神的交心時刻，我如何停下腳步聆聽呢？並讓我清晰看出何爲正道。

二〇二二年二月十五日，「清晨還沒睡醒時，聽見聖靈跟我說，起來記下：從今日起的一〇九天，每日領受……」筆記本裡還記錄下當下茫然的心情，「未來的一〇九天裡，還必須歷經異常忙碌的三月上旬，這期間究竟該如何進行？……」三月上旬是公布學測成績後我的密集演講期間，排滿了從南到北各學校的邀約，神究竟又要我領受什麼？我排得出足夠時間嗎？但我要做順命的兒女，我的責任本來就是記錄員，忠於 主的教導和要求，是我的幸福！

「每每因爲艱難處境的壓迫，才會好好地、本分地去一一解決問題，而這過程會帶出下一階段的全新開始。若少了匱乏或危險的情境，我常會輕忽太多該面對的事情，但不處理的話，就會直接影響到接下來的成長。」我早已明白，這是 主模塑我的方式。

這陣子以來有一個明顯的收穫，就是我可以這樣下來做事，也能這樣下來看人，這樣下來判斷或決斷！感謝主！這絕非

我靠自己或環境練成的，乃是神賜下了新的因子給我！

從前我雖然知道一味地快肯定是錯，卻絲毫沒有辦法

改變，甚至還以為夠快就可以拉開與別人的差距。正好相反，因為我時常追「快」，常錯了方向，或是跳過了關鍵步驟，現在才認知清楚一步一步，穩扎穩打，這樣才是王道！我如果回到過去看那時的我之行為模式，會氣死！所以，說真的，過去的我的錯誤觀念和行為那麼多年，也才是脾氣最壞的人。我錯了！誰有錯也絕不可能是我，誰有成功的榮耀也不會是我。我的敵人該是失敗。若不是神出手拯救了我，我一定在失敗及痛苦之中辛苦過活，也一定會變成那種自以為聰明，自以為正義的爛人，不顧家人的自私鬼，還是外人就低頭，看到有錢有勢的人就想依附，一天到晚說說空話去抓空氣（因為抓的對象方向全部都錯），最後變成可憐至極的自大狂，還會拖累身旁的人，越來越可怕。因此，我應當比眾人都更感恩，我被神救了！感謝主！讚美主！對神真誠才能對人真誠！對神的教導認真才能受教！受主才能完成使命！

利廿五:18 我的律例，你們要遵行，
我的典章，你們要謹守，
就可以在那地上安然居住。

一	二	三	四	五	六	日
					1	2
3	4	5	6	7	8	9
10	11	12	13	14	15	16
17	18	19	20	21	22	23
24	25	26	27	28	29	30

要將每日的生活過好，是一件非常不容易的事，除非含糊帶過，不且檢討改進之處還真不少！通常想達成的事情多，而實際做到的少，所以人需要神賜下的引導，因為人幾乎不可能靠自己去活出美好，當然，若只做表面功夫是可以騙外人，

30 Tue 但有何意義呢？？及早向神認罪、認錯、祈求神掌管我的一生不是很好嗎？感謝主！

求主讓我不會沾染自己騙自己的惡習，感謝主！

求主幫助我排定努力的方向，使我不致失了神恩，阿們！

求主讓我每天都能做事，使我活出祢喜悅之樣式。

求主賜我智慧，一份屬天的智慧，使我得著判斷辨別的能力！

求主調整我的每日作息，使我可以充份準備信息！

主啊！我好期待能與主相連，思想事情或行動，都感受到主的旨意帶領，不是靠自身以為的邏輯去做事情，我希望自己別打空氣，更不可以惹主發怒，我並不是因為恐懼而期盼由神帶領，而是覺得人若不能依主旨意行事，有何意義呢？？眾人忘記了主的恩惠，我也不可忘記；大家都不紀念神的作為，我要永遠記得且感恩；我不想與他人比較誰敬虔？誰屬靈？我只希望討主歡喜，我不要讓主失望！我知道自己實際的狀態沒有外人以為的那麼好（指敬虔與投入）但我真期待自己從今以後可以靠著聖靈行事！阿們！

2015.5.29~6.14 《明星》写真展 攝影 川島小鳥 × 音樂監製 盧廣仲 / 6 樓展演廳 展覽以日本攝影師川島小鳥的攝影作品、盧廣仲音樂創作與空間的結合，全面呈現超過 100 位台灣素人明星與 2,500 幅台灣美好生活紀實，透過多元的藝術創作內容，展現台灣獨一無二的魅力與快樂本質。（圖｜《明星》写真展展覽現場）

2018.5.30~6.18 紙間現實：回應真實的設計 ｜ Lars Müller BOOKS Analogue Reality / 3 樓 Forum 「當我成功和諧呈現裝幀與內容時，那就是一本獨特的好書。」—— Lars Müller（拉什・穆勒）

從日常notebook到人生guidebook

透過寫筆記本，
神送給了我一副新的眼鏡，
讓我有不一樣的眼光看待人事物

我的筆記本就像日記，記錄著一天又一天的生活、省思，以及禱告內容。常在回顧時，會發現有些事情不該做卻做了，該做的則沒做，很多的懊惱、懺悔，即使發生的事件很像是被　神狠狠教訓了一番，但我卻感到喜悅，因爲這代表我一直受　神眷顧著；原本個性上的自負、逞強、任性……逐一被調整、修正。神透過要我寫筆記本的方式，讓我能以過去的自己爲師，學習不再衝動行事、不再以自我爲中心，在面對環境、面對艱難時刻，有不同於以往的嶄新態度。

我常在分享時說，透過寫筆記本，神送給了我一副新的眼鏡，讓我有不一樣的眼光看待人事物：「好像愈來愈知道自己到底要的是什麼了！出國不再需要搭商務艙去證明或表現出什麼，不再需要大家都對我抱著無限希望，不再需要靠住頂級飯店去塡滿旅遊的不足。」現在的我，少了許多物質的欲求，卻經常感受到內心豐盈而喜樂，此種滿足也完全不同以往。

「那種發自內心的喜樂，眞的不是外在世界給得出來的。過去兩、三年，等於在曠野中繞路，現在終於走回了原點再出發，充滿了活力，充滿了勇氣，更充滿了快樂。」

這一切的發現與學習，都是透過筆記本中的記錄所告訴我的。

從二〇〇四年至今（二〇二四），已經寫到第廿一本了。天天寫筆記本，套句基督徒常彼此祝福的話：「一天新似一天」，我在其中不斷檢視自己、看見自己，每天行事、心情的點滴記錄，已成爲我人生最重要的參考指引。

還沒開始寫筆記以前，我常自以爲人際關係良好。戒賭後專注於本業，還是經常遇到問題或挫折，在困頓不得其解時，我會在寫筆記本時向 神禱告、祈求，也不忘順手翻閱過去所寫的內容，從中尋找問題根源的蛛絲馬跡或解方。也因此發現，關於人，也就是我看待人，以及與人之間的關係，似乎與自我的感覺天差地別：「待人與帶人，一直以來是我自以爲的強項。這麼多年下來，事實卻證明根本是一場糊塗。本想討好的人，最終變成仇人，在外認識的友人，能維持平盤就算大幸了。浪費了多少生命與寶貴時間去經營的人脈，也毫無效果。現在身邊的朋友或同仁，沒有一個人是靠我經營成功的……」

寫下這錯愕的「發現」同時，我反覆思考，跟人之間，尤其是並肩工作的同仁，我到底出了什麼問題?爲什麼我會產生如此嚴重的自我認知上的落差?筆記本內容也成爲我最好的探討線索。

從對價關係到信任關係

我天生急性子，工作上、生活上，總認爲「快!快!快!」才是致勝祕訣。在公司管理上，我喜歡套用「理性」或所謂的「數字管理」，只看數字或績效，認爲沒有人無可取代。這樣的我，美其名是理性，其實就是帶人不帶感情，一切都化約爲數字，都是對價關係，也就是交換。尤其，在人事互動上，我以爲「用錢帶人」是最有效的祕訣。記得曾有位牧師朋友私下勸過我，「駿豪哥，不要用錢帶人……」聽到這話的當下，我內心很不以爲然，反駁說，不用錢帶人的老闆，是因爲不敢給、是摳，但我很敢給。

過去，我也總以高標準衡量身邊的人，而且自視極高。創業後有很長一段時間，我不懂分工，喜歡把事情攬在身上，自以爲無所不能，卻又常嘀咕同事比不上我認眞賣力，所以會在心裡生悶氣，多年來甚至習慣以責罵或半嘲諷的態度指責同事。

矛盾的是，我又熱切想成爲員工心目中的「好主管」、「好老闆」；我以爲只要給好處，並放任大家做自己喜歡做的事，就會受到歡迎或愛戴。

但實際上，除了工作事項，我從未關心過身邊同事的日常生活、情緒狀態；對我而言，同事就是同事，除了工作、業績，其他不用多談。即使遇到工作上的問題，也不會平心靜氣地好好討論或清楚說明我認爲該怎麼做，只是一味要求，卻沒有給予必要的協助。我缺乏耐心，尤其遇到理念、價值觀不同的人，就只會生氣罵人，結果常是兩敗俱傷。我是老闆，表面上我掌握權力，但發生衝突時，我看似快刀斬亂麻、明快處理，但我自己其實也受了傷，常常久久難以平復。

二〇二〇年，突如其來的新冠疫情讓我一向快轉的工作節奏，瞬間像被按下暫停鍵。全世界也都一起被放慢，幾乎停滯了。隔年許多公共場合暫時關閉，補習班也包括在內。剛開始，我有點慌亂、不知所措。每天筆記本裡寫的都是「神啊，請告訴我該怎麼辦?」「疫情到底什麼時候會結束?……」「似乎看不到終點，這樣下去公司還能生存嗎?……」

學生遠距上課，每天也只有少數同仁輪流到公司上班。我和太太整天被迫待在家，很不習慣，隨時都留意電話是否響起，擔心辦公室會不會有什麼突發狀況，年輕同事是否會應付不了?

三個月疫情警戒期間，竟沒有任何需要緊急處理的電話!無論大小事，年輕同仁們應付自如。雖然有著鬆一口氣的心情，但也有些意外，怎麼從沒發現這些朝夕相處的同仁們，原來都這麼優秀?!我常也會在筆記本裡寫下對某位同事的讚美或肯定，也會對某些人心存疑慮，或有說不出口的要求或埋怨。疫情期間同事們在工作上的表現，卻讓我另眼相看了。

我以一種前所未有的佩服之心看待這些年輕同仁，打從內在敬重他們!以往我習慣高舉外人，總以爲外人比較厲害;看不到同仁的優點，聽不見同仁的建議，對於多數人認爲正確的事，也經常不屑一顧。骨子裡的驕傲常讓我誤事也誤時，卻又不願承認。事事求快的我，常會不耐煩，凡事自己逞英雄，忽視了近在身旁的年輕人具備的能力。

放下傲慢，我看待事情的眼光不一樣了：以前認爲的快，原來不是眞的快；快不代表好，更不代表對。雖然我知道一味求快肯定會出錯的道理，但積習已久的行爲卻難以改變。甚至還以爲，夠快，就可以拉開與競爭對手的距離。但結果往往相反，我經常被「快」帶錯了方向，或者爲求快而忽略或跳過關鍵步驟。我汲汲營營，抓到的卻常只是一場空。

對於人，我也開始有了新的認識，「神給了我機會，使我逐漸找到正確的工作觀，神也給了我寬廣的眼光，讓我看見同仁的成長與不一樣。」從前的我對同事缺乏關懷、很少鼓勵大家，也不在意他們的情緒，未曾想到要讓整個工作場域充滿成就感；過去我輕忽同事，總一廂情願認爲大家應該自動自發。我眞的錯了！我必須改變，必須用尊重與理解的全新態度扮演「用心」管理者的角色。

給自己和工作夥伴機會成長

年輕時的我總以爲，工作上要創造佳績，就要常在外面做公關才是好的、對的，但神校正了我的眼光：「不要再看別人有什麼而貪圖快速成功之方式。在 主耶穌的教導中，告訴大家互爲肢體，但肢體是同一教會或同一公司的同仁，不是外人。」少了過去那種自以爲可以單打獨鬥的急躁與傲慢，取而代之的是看見同仁的優點，學習謙卑，同時發自內心關懷他人。

我過去的個性或習慣一一被調整了，最明顯的改變是：第一、我學會放慢速度；第二、處理人事物時，態度比過往冷靜許多；第三、開始懂得關懷他人，不再只從自己的感受出發；第四、更會全面提醒自己，對於人才培育的重視以及適當安排不同於以往的工作；第五、眞正能夠發自內心地鼓勵他人成長。

許多小細節也確實反映了我的改變——當一次又一次和同仁們討論，不再像以前那樣急躁或愛生悶氣，或急著趕快下結論。當我把處理事情的步驟一一拆解說明時，我感到喜悅且滿足。我走向一種全新的工作模式，不再虛浮地想認識名人或有著厲害職稱的人，不再刻意參與以前所認爲的了不起活動。其實，那樣的人生很可笑，好像是在告訴大家，我的裡面是空的。我被 主從這樣的可悲人生中救了出來，讓我認識到，我的角色是「協助者」，而不是「統治者」，唯有眞實又誠摯地待人與帶人才是正路。

筆記本裡我用文字告訴自己，「要記取從前的教訓，千萬不要再自以爲是地往前衝，一副自以爲是元帥的樣子。若眞是 神的心意，沿途會出現許多明顯的記號，就如公司的創立，不就是一連串不可思議？並不是我個人盡力的結果，我只是順著情勢往前走罷了。許多我自己硬著往前的合作、自認用人的聰明（其實是愚昧），即使第一時間形成一個看似了不起的局面，最終不都是失敗收場？我不可再犯！」

二〇二二年五月，滿五十三歲的那天深夜，我寫下了生日感言：「發現自己對人的重視比錢更多，從事工導向，轉化成眞心關懷。覺得自己多了一份責任，不僅對公司，也要對同仁。」關懷人，尤其是工作上一起打拚的同事，相互信任的踏實感、溫暖回饋，遠比浮誇地與人說嘴、一味衝高績效有意義多了。

眞正成就事情的，並不來自於對價的交換，而是人與人之間的信任，而這絕不是數字可以衡量的。當我的眼光不再看向遠方，而是落在身旁同事，我們才能眞正成爲一體，成爲同心協力的強大團隊！

我也終於了解什麼是「不要用錢帶人」——以前我很捨得給，業績達標或超標，就會大筆灑獎金。但相對的，我也容不下些許的錯誤，無法忍受任何有意或無意的疏失。但我卻忘了，一路走來，不就是因爲 神給了我非常多次悔改的機會，我才得以重生?!只要是人，就可能會犯錯。但只要給機會，就有改變的可能。

家人，愛的根本

與人關係的改變，不只是同仁，我跟孩子之間也產生了莫大變化。以往，我每天塞滿了行程，除了睡覺，很少有多餘時間在家，與孩子們互動不多，也幾乎不曾送孩子上學。總以爲將孩子交給老師就足夠，不會過度寵溺，也才能讓他們學習獨立自主。

奇妙的轉變是在疫情期間，因爲不得不居家上班，兒子們也在家線上上課，我們難得這麼長時間朝夕相處。我也終於有機會拿出買了好些年，卻從未彈過的昂貴電吉他把玩一番，第一次在孩子面前小試身手。兩個兒子很意外，看到了父親有別於平常忙碌又嚴肅的一面。小兒子對電吉他很好奇，我還教了他幾招，他很開心，我這父親更是得意且滿足。居家生活如此簡單，卻又如此幸福！

現在，每天都盡量提早回家，即使回到家有點晚了，仍可以和孩子話家常、討論課業、關心在校生活等各方面。偶爾，假日還能陪兒子打籃球，老爸和兩個兒子一起在球場競逐的景象不覺得十分甜蜜嗎！

更滿足的是，孩子們也都樂於仰望 神，喜歡讀聖經。有時候，還全家人各自分享一段對經文的感動，「每天都可以跟孩子們討論信仰眞是幸福！這好像以前的聚會，差別在於宣講的對象變成自己的孩子。全家天天團契、天天分享，太奇妙了！」

分享筆記本，分享祝福

筆記本事實上就是我的生活、生命歷程全紀錄，也讓我不只看見自己的不足與轉變，更發現這麼多年來所領受的祝福。近些年，也不斷湧起了想要將這份祝福分享出去的熱切心情：「感謝　神賜下的清晰感動，使我充滿信心和喜悅要去分享那真實的感受，彷彿從裡頭可以不斷跑出熱力來。我要把　神做的奇妙事告訴別人，稱頌　神的偉大。約翰和彼得在當年不也盡力地去說出他們所看見所聽見？他們不能不說，我也不能不說！」

很多年前，每逢聖誕節期間，我都會在補習班五樓舉辦Buffet，邀請所有同學盡情享用美味的佳餚。但就在某天早晨，我腦海突然收到一個　神的奇妙提醒，彷彿告訴我可以用送筆記本替代聖誕大餐——啊！眞是絕妙的想法！怎麼從沒想到過呢？吃吃喝喝一頓大餐，不過就是一個午間的歡喜快樂，不如買我一直在用的誠品筆記本送給同學，將來可以收穫的滿足與豐盛，絕對是無可取代。

於是，那年聖誕節，我帶著要送給同學的新年度筆記本，以及當時已寫了十幾年的筆記本到補習班，還選出了其中幾段我寫下的故事或省思內容，唸出來跟同學們分享。有同學聽了，當場就說，「很喜歡這些故事！」「好有感哦！」我趁機敍述了我爲什麼會寫筆記本，並且鼓勵他們也寫下自己的心情。

台灣年輕的學生，一個個壓力爆表，如果能夠每天利用廿分鐘，將心裡所有垃圾／焦慮，都倒／寫進筆記本裡，經年累月，將成爲一種很好的靜心練習。因爲書寫過程會讓人平靜，再多的煩躁、焦慮或憤怒，透過文字的沉澱、澄清，內在慢慢就會得到平安穩定。

我深信，寫筆記本絕對是比一頓豐盛的 Buffet 更具意義。從此，這就是每一年我送給同學的「聖誕大餐」。

去年在一場學生談話會上，有個同學也提出希望我能分享前一天的筆記本內容。我翻開前一晚睡前所寫，期待這些年輕學子能成爲國家未來的棟樑，並且也開始動筆寫筆記本……唸著唸著，我竟然被眼前同學們專注聆聽的眼神與態度感動得哭了。

沒想到我竟然能以送筆記本的方式鼓勵下一代。如果這些優秀的同學們也能跟我一樣，每晚臨睡前，思索一整天的心得並記錄下來，不但每天都將有所獲，多年後再翻讀，很可能還會重新發現自己成長歷程中的無數驚喜，更說不定會迸出不一樣的火花！

這些年輕孩子未來會如何，沒有人預料得到。但可以肯定的是，不斷檢視過去的自己，其實就是給未來的自己方向指引，讓記錄日常的 notebook 成爲指點人生迷津的 guidebook，讓沉澱後的生命更有價值，的的確確就是我寫了廿一年筆記本的最大心得與收穫。

每天所寫的筆記文字，不只是記錄，也是看見；記錄了每一天的歡喜或挫折，將所有雜亂的思緒梳理清楚，假以時日，心性與行爲的轉變絕對有跡可循。當初爲 神傳話，叫我開始寫筆記本的那位教友會說過：「將來你一定會用得到。」老實說，剛開始寫的那幾年，我根本毫無頭緒所謂「用得到」究竟所指爲何。這些年一場又一場的分享，我終於知道，原來，記錄下筆記本內容，不只是 神給我的提醒與啟示，更是我傳遞福音的最眞實見證！

現在，我經常一次又一次帶著裝滿筆記本的行李箱，南來北往到各地分享。廿一本筆記本，重量著實不輕，但手上拿著這看似沉重的負擔，心裡卻是無比輕盈，而且歡喜，「我不可以說『沒有』的事，但『有』的事，肯定要常說、一直說、反覆說！」因爲這是 神派給我的神聖任務。

這些年來，我已經送出了數千本誠品筆記本，很期待收到的每一個人，也能跟我一樣，從第一頁、第一行、第一個字開始，天天寫下自己與自己的對話，也許還能從中與神相遇，爲自己帶來生命的祝福！

經常在分享場合說道，我現在所擁有最有價值的財富，就是這廿本筆記本！每一頁都是我人生歷練的忠實記錄，一個原本驕傲自信、桀傲不遜、自以爲無所不能的人，在睡前的寧靜時刻，將無數次刻骨銘心的考驗與煎熬，全化爲筆記本裡的字字句句。這是生命經驗所凝煉的結晶，更是 神送給我，導引生命前行的不思議禮物！

感謝主賜給我耐心與愛心，這不是為著個人的好處，可能也不是單單顧全大局，因為若只是要協益不能往公司進步，而是讓我在處理與面對事情時別因情緒壞事，我要向主負責，所以不可以被老我駕馭，神把忍耐的能力賜給了我，

23 四 Thu 10…

使我比多數人更可以冷靜辦事，並且內心不會有算計藏在其中，知道那群人其實和我是一樣的，都不好，需要有著愛人的態度去看那群人，否則根本傳不了福音！阿們！大家都不可愛，人類也不值得被救，但是神差遣了獨生愛子耶穌為著所有該滅絕的人死了！因為神愛世人，我能夠擁有這份特別的禮物並不是偶然，是神特別為我預備要去做當做的事，所以別在內心積存對人的不滿，一切所遇見的人都需要福音，好人、壞人、自以為義的人、滿心詭詐的人、愛八卦的、愛吵鬧的、不負責任的、滿口是謊言的，想想有誰真是義人呢？一個也沒有，但是神有因此棄絕這世界嗎？神出手滅絕了嗎？完全沒有，神總是耐著性子，滿懷慈愛，堅定不移地拯救，所以，我能夠不發自內心讚美嗎？哈利路亞！感謝主！讚美主！

神真的願意跟人講話，何其有幸天天寫筆記本，神知道我今天的心情不好，並不是為著什麼外在的事，而是內裡存有對人的不滿，且有一點煩，甚至不想去做我該有的樣式，就是牧養。知道，所以神會透過筆記本告訴我真理，

2006.11.22~12.10 **捕風捉影——蔡國強和林懷民的風影／6 樓展演廳** 爆破裝置藝術家蔡國強與編舞家林懷民首度合作舞台作品「風．影」幕後紀實，展覽包含實驗過程中草圖、書信手稿、完成後的舞台裝置模型與服裝道具、根據舞者身影烙印出大型火藥圖及嘉義縣立文化中心試景影像紀錄，展示跨領域創意及作品背後對人類環境的終極關懷。

2019.11.23~12.29 **再現式／參展藝術家：王淑鈴、王雅慧、曲德義、展望、陳道明、盧明政、謝佑承、謝素梅／5 樓畫廊** 藝術的創造即是對於生活樣貌的「再現」，暗示著藝術帶給我們的思考與想像，或許是揮別了眼前真實的風景，藝術家用感知經驗的介入再建出新的景象。

每次被主的話語充滿，都帶出積極前進的力量！阿們！

許多小細節反應了我的改變。當我一次又一次地和同仁們討論，
甚至把步驟一一拆解說明，表示神帶著我走向一種
全新的工作模式。在這種狀態之中是喜樂且滿足的。
~~不再去追求虛浮的認識人、知道我參加了了不起的~~
~~活動。那樣子的人生很可笑，等於告訴大家我的內在~~
~~是空的，必須靠這類事物才像個樣。感謝主把我從~~
~~原本可悲的生活之中救了出來。人生絕對不是靠跟其他人~~
~~說。靠旁人抬舉起來的。唯有真實又認真地生活才是正路。~~
讚美主！越來越覺得自己被救，且持續被改變，這件
多麼值得慶賀的事啊！哈利路亞！耶穌是我的主！
今天的兩場聚會都在跟大家見證神的一切作為，我們
本來就是自然地活在超自然中。講道若論及講道理就糟了
感謝神賜下清晰的感動以及經文給我，使我充滿！
信心和喜悅去分享那真實的感受，彷彿從裡頭可以不斷
湧出熱力來！我要把神做的奇妙事告訴別人，稱頌
神的偉大。傳福音不就是應當大聲地說出那些有神
同在的證據嗎？約翰和彼得在當年不也奮力地去說
出他們所看見所聽見的嗎？他們不能不說，我也不能不說！
若我的生活中沒有神，怎能傳得了福音呢？那豈不是
在對世人說謊嗎？我不可以
說沒有的事，但有的事肯定
要去說，一直說，反覆說！

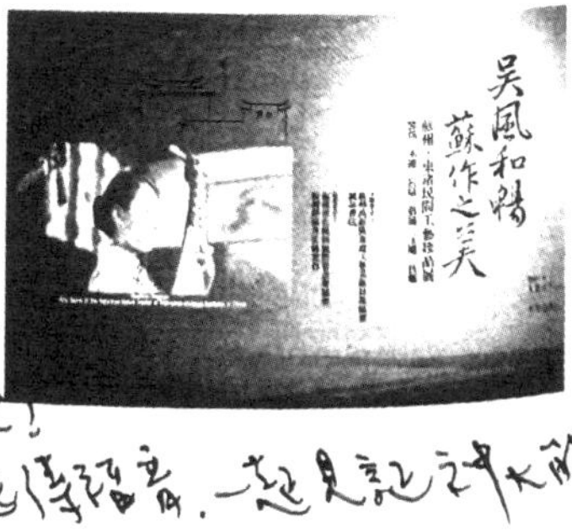

求神給我力量，神派我去做事，
神引導我，我總該凡事要求！
求我和蕙蕙的工作真好，一起傳福音，一起見證神大能！

被約束的自由

過去的我，個性自負，隨興不羈，野馬般難以被駕馭。新的我卻期待能有一股約束的力量，逼促我將每一件事情透徹想清楚，將沒有意義的雜事脫去，擁有自由且大有果效的人生。

二〇〇八年九月中開始，在轉陀螺似的百忙工作中，太太和我硬是擠出時間參加教會的生命培訓學院。課程結束後，有位朋友以誠懇又歡喜的語氣跟我說，我跟以前大不相同！我聽了很開心，雖然他並沒有確切說出我跟以往不同的是什麼，但我會心一笑以示感激。因爲這歷程，是別人從外表看不出的拔出與拆毀之後才獲得的建立與栽植。

拔出、拆毀，重新建立與栽植

過去因爲賭博，我凡事以金錢爲考量。但金錢對我來說，即使失去了，也不感覺痛，反正再賺就有。而且，我一直有著自以爲傲的口才與業務能力，也一直覺得公關、社交能力、人際關係是我的強項。

可是，神就直接從我最引以爲傲的兩件事情上破碎了我——第一件是，當年創業前在前補習班任職，我帶領的同仁對我產生不信任，整個團隊軍心渙散，甚至到了亂七八糟的地步，團體績效也極不理想。以前向來奏效的業務策略，全部失靈。無能爲力的挫敗感，讓我忍不住開始懷疑自己，向來自負的我竟完全失去了自信。

另一件則是，開始上生命培訓課程時，我尚未創業，仍受聘於人。當時工作上的老闆對我做出了一個強烈拆解：將我所帶領的部門同仁分散至他組，不再讓我帶人。這對我打擊非常大，等於是完全否定了我一直以來自恃的能力與長才。但我還是默默接受了，當時我已經從 神的帶領中學習到：凡事順服。然而，心情上的拔出、拆毀，讓我受到椎心般之痛，但順服的教誨又讓我不得不接受。內在蟄伏的情緒烈焰，最後還是如火山烈焰般，急遽而猛烈地迸裂爆發。學期中某天深夜一點多回家途中，我終於忍不住跟太太大聲喊出，我受不了！受不了了！

我向來是個很能控制脾氣，也就是所謂 EQ（情緒管理）很好的人。那天晚上，我情緒大爆炸，而且一發不可收拾，先是將包包用力往地上一摔，竟還彈出了一枝筆，我於是再將筆狠狠往地上一甩，整枝筆斷裂成兩半。我很少這樣發脾氣、亂摔東西，但我再也忍受不住！我的自信高牆完全被拆毀，頹喪地以爲自己什麼都不是！殘磚碎瓦，不知道自己還能做什麼?!好像人生已到盡頭似的，幾乎連求生鬥志都喪失了。

神曾經以其獨特方式收服了我——將荒唐的廿年賭徒生涯，無預警的從我身上拔除了。但專心回到工作，對於人事問題、工作願景，我仍常有一連串的滯礙與喘不過氣的壓力。慶幸的是，每當情緒烈焰冷卻後，我就能清楚知道，這是 神在調整我，在修正我的爲人處事：不要再有虛假，不能再有謊言。舊的老我不僅曾有表面上的惡劣：賭博，更有內裡的失敗：懦弱、僞裝、逃避。

感謝 神不斷給我功課，也不斷給我機會並祝福，模塑了如今新的我。只是置身其間，常未能理解 神的大能！

其實早在生命培訓課程前兩個月，某晚正在寫筆記本時，我腦海又突然閃現奇妙靈感，神來一筆似的寫著：「我要寫下日後見證的記錄：今年（二〇〇八）十月份會領受一個極大的祝福；主還會賜給我一個孩子；競慧（太太）和我會到處傳播福音……」原來，戒賭就是神對我的拆毀之一，也就是「十月份會領受的極大祝福」！而在當時，太太和我已有兩個孩子，常感到滿足並喜悅著，沒想到，神在二〇〇九年竟又賜予了我們第三個孩子！而傳福音，不就是我們現正在做，且視爲首要人生任務嗎?!

當 神要翻轉一個人的生命時，都是從破碎開始，而所有的破碎與拆毀，都是爲了重新建立與栽植。回頭來看，接受生命培訓課程訓練就是一個前兆，一個改變的契機。

自由誕生於紀律

從小，我的個性就不輕易服人，可能會佩服這人的某個長處、佩服那人的哪項優點，但沒有人可以讓我完全信服。甚至在信仰過程中，我也曾對 神不斷存疑，「眞的嗎？」「眞的嗎？」即使已受洗、熟稔經文，聽過無數回牧師的講道，但如果沒有這些年切切實實的親身經歷，我不可能完全臣服於 神。

神抽走了我的賭癮，並且讓我在寫筆記過程中，不知不覺修正了我原本的任性與自以爲是、拿掉我的毛躁與衝動，讓我彷彿重生般，變成了一個新的人。如果我現在仍在

「老我」中打轉，不但離不開賭場，每天心情隨著股價上下起伏，陷溺在金錢遊戲之中；不僅忽略了家人、同事，食不知味、眼前美景視而不見，生活毫無品質可言！身心依然被禁錮著，不了解何謂自由！

不斷被調整的我，不只被 神眷愛，也開始懂得愛人；被愛是受福與幸福，愛人則是更有福的看見與獲得。以前的我，虛榮且浮誇，感覺沒面子比沒錢更嚴重；喜歡上最高級的餐廳，不是因爲好吃，而是因爲最貴。但這不是 神要我做的事。聖經裡，保羅寫信給年輕的傳道人提摩太：「敬虔加上知足的心，便是大利了。」（提摩太前書6：6）保羅提醒提摩太，在世爲人，敬虔、知足就是最好的了。

愈來愈發現自己的行爲和過去截然不同，因爲 神讓我有這樣的覺察和醒悟。現在的我，知足而感恩。更奇妙的是，現在我常禱告的內容是：求 神讓我過一個被約束的生活。很少人會期待自己被約束，尤其是過去的我，個性自負，而且隨興不羈，野馬般難以被駕馭。新的我卻期待著：如果能有一股約束的力量，逼促著我將每一件事情都能透徹想清楚、別答應太快，這樣我才能將沒有意義的雜事慢慢脫去，才能擁有自由且大有果效的人生。

自由，並不是任意妄爲；眞正的自由，是有所節制，是紀律的產物。不是有人說，婚姻是牢籠？對我來說，婚姻卻是人生一大祝福；如果沒有太太，我早就脫韁而去，不知所終。寫筆記本也是如此，一開始是勉強自己必須每天持續地寫，寫著寫著，這紀律反而成爲一種「自由」，帶來意外的收穫。我的生活與生命因爲有紀律而顯得輕省且清醒。所謂約束，其實只是表面上、形式上的，由 神所指引的內在自由，海闊天空。繼續寫筆記本、服事人，是我今生所享有最大的自由與榮耀！

「……回到服事當中，心裡充滿了感謝。並不是想服事就可以服事，若非 神賜恩典，我是沒有東西可以分享的，甚至可能連服事的資格都沒有。感謝讚美 主，又一次被 主救了回來，從死蔭幽谷裡差一點就倒在半途之中。……很難形容自己從死寂裡又活過來的感覺，但確實知道又一次新生，是喜悅的。仍有許多人事物的問題待解決，可是我已被 神醫治，能夠走向前去一一地解開問題，我不再獨自漂流。」

10 四 THU 己丑7.22

主的應許必然成就！

我已在做主的工，神明白我對主的心意。

我是帶著神的祝福去完成重大的使命，未來我的見証將以書籍方式呈現★

求主賜福 ① 我的父親在年底前受洗歸入主的名下。

② 錠慧腹中的孩子聰明、健康、姣好的外型、有活力。

③ 葳葳、雅韋受膏，一生行在主的旨意中，平安、健康。

④ 即將開始的新事業興盛、具影响力、造就多人。

⑤ 我和錠慧傳福音時總是伴隨神蹟奇事。

⑥ 父母親感情恢復美好，讓他們成為恩愛的夫妻。

⑦ 我的財務興旺，成為多人的祝福及幫助者。

路5:7-17

7. 他和一切同在的人都驚訝這一網所打的魚。

14. …又要為你得了潔淨，照摩西所吩咐的獻上禮物，對眾人作証據。17. …主的能力與耶穌同在，使他能醫治病人。

工藝美術運動 Arts & Crafts Movement

當1851年第一屆萬國工業博覽會（World's Fair）在倫敦展出，璀璨晶瑩的水晶宮展覽館（The Crystal Palace）以驚人的玻璃鋼鐵結構首次現身，推動工業革命的蒸汽機也在重要的展示之列，但當時以機械大量製造的產品，缺乏和結構相符的合理設計，大量借用手工藝的裝飾造成粗俗的結果。於是在十九世紀下半至二十世紀初，以設計師莫里斯（William Morris）為首的工藝美術運動，倡導回歸中世紀手工藝的傳統，將工匠的地位提升至藝術家，企圖在技術和藝術的結合上提出改良的途徑。他強烈地反對機械製造，認為藝術應當是平民可以承受的、手工的、誠實的。陸續成立工場及出版社，強調自然主義的裝飾風格，為當時的設計創作留下典範作品，其中也包括一座至今仍座落在倫敦的自宅─紅屋（Red House）。雖然莫里斯的理論因明顯的現實矛盾而失敗，但這一波由倫敦開展的工藝美術運動為現代設計的萌芽扮演了先驅，在裝飾藝術、家具和建築等設計領域，影響力從英國擴及歐洲和美國。

2024/Feb/21

2 February 2024

21 ㊂

感謝主讓我擁有這麼多，使我得到滿滿的安全感。不必去擔心身旁有人叛離，不必因為某個人能力而憂愁。心中始終知道都是神在掌管，不必過度思考明天的世界會變得如何？因為我單純走在神命定之中，所以唯有神就有了安全的放心。感謝讚美主！

今天感覺是一天當成了三天來用，因為神安排了諸多巧合讓我可以在同一時間完成好幾件事。去台南高鐵上雖然先站到台中，後也坐在擁擠的自由座，但我又改了書稿的最後幾個單元。接下來就是沒停的一連串講話，似乎沒有任何空隙，所以時間運用有加倍的效果。這種既充實又扎實的工作效果使人愉快。只其在過程之中並非像從前一味加快速度而已，反倒細細且清楚地和每個對象講述明白。原來不用把各種速度變快，若有需要快速，神所使用的方法遠比我們一心想快說得太多太多了！哈利路亞！

主啊！懇求祢賜給我正確的直覺，讓我可以說出對的話語，而且是神賜下的內容。如此，不是高舉我，乃是歸榮耀給神！謝謝耶穌！

自從寫出我全錄之後，好像更可以跟身旁夥伴說出心裡話。當我把真實感受說出來的時候，心裡更舒暢，遠比過去靠著外在的公開言語所博得的短暫好感來得快樂。說得越自由也越真切，反之亦然。感謝主！

求主在台南得勝者觸摸更多的人，使人歸主！

一	二	三	四	五	六	日
			1	2	3	4
5	6	7	8	9	10	11
12	13	14	15	16	17	18
19	20	21	22	23	24	25
26	27	28	29			

2 February

神的話

詩33:6 諸天藉耶和華的命而造；萬象藉他口中的氣而成。

阿們！

每晚到了睡前，就是我期待與神相遇的美好時刻！白天不管有著多麼豐富與璀璨的生活，那都最終如空氣般會消失，唯有神感動我寫下的文字才能刻在心裡，永遠長久不變！

我好期待能聽見神賜下話語，或是引導我前方之路，或是教訓糾正我過錯，或是解開我心中的糾結。任何來自於神的話語都會讓我更貼近主的心意！按我主親自帶領的樣式，就是這樣可以與神同行的日子！感謝讚美主！主讓我待弟兄姊妹要多一些溫柔，甚至把大家當成我自己的親人，當我親弟弟或親阿姨或表兄弟們犯錯時，他們心裡的動機不正時，我會棄掉這親戚嗎？不會！所以主內的弟兄姊妹不也如同我的親人嗎？要打從心裡視他們為真正的親人，這樣在生活中會更容易，也能討主喜悅！哈利路亞！感謝主直接教我生命的法則，不是用嚴格的標準去待人，是相信神的帶領，拿掉老我的偏見（有時會以為合乎邏輯，但卻不知人類永遠看不到全貌，所以會自以為是），靜下心等待神親自做工，我不可以代替主去批判，甚至去審判，絕不可以！問自己是否想當主嗎？我永遠是神家的僕人，只當敬聽神的指示，別以為自己高人一等，許多人事物都是我猜不透的，阿就像今天的旅遊行程，我是猜得到天氣會放晴，怎知們可以去到那些未預期的景點，每個未來我都處於未知，甚至天下有太多的事我都不知道，也猜不到，領受恩典，永遠都是從神領受我絕對不配得著的恩典，只當感謝！感謝主！主賜給我喜樂的自由，除了表面上的財務自由，更重要的是隨意的做人，該怎麼樣就怎麼樣的行事自由，不再擔憂怕人的聽從神之自由，哈利路亞！願我可以榮耀祢的名！阿們！

2024/Mar/28

又一次在飛機上拿出筆記本來寫，感覺特別好，因為此刻場景是寧靜的，心裡也是寧靜的。剛剛看完了一部電影，是一部深具啟示的大陸喜劇。感謝主賜給我跟美慧這趟美好旅程。一次次出外旅遊，也一次次地發現自己性格缺失，包括

28 四 Thu 沒耐性、急躁，但開心的是也一次次比之前進步！這筆記本代表著自有的人生，寫，是為了任務。在其期間使我明白自己的普通，神的大能與憐憫。心是紊亂是需要調理的，往前邁進是要聆聽指令的。也讓我越來越關懷所處的環境，遇見的人事物之意義。就是因為寫筆記本設定了日常想看的節奏，腦中思想且用心聆聽，似乎更看清楚了過去看得模糊，甚至看錯之處！在許多事情的無能為力也在筆記本中表露無遺，原來人的心是如此細膩且易碎的。若沒有日常的修復，很容易變成長久都治不好的傷痕。我能每日得到這麼寶貴的十五到二十分鐘，真是恩典中的恩典！每天都有讓人的喜怒哀樂都得留在書面。結了我膚淺又功利。謝謝主賜我這麼這麼特別的任務，就是寫，天天寫，將記錄寫在紙上，也把感謝寫進心中。感謝讚美神！

常常都要面對人，面對事，卻很少想到我其實時刻該去最重視的面對是面對神。摩西、保羅，從前的先知或使徒，他們應當最最在意的是如何面對神，我也應該以此為我的榜樣，否則豈不成了半夜的敬畏神，我愛主，豈不成了謊言？求主讓我回到台北之後，可以開始過著與主同行的全新生活，讓我天天都親近神，日日得著主的引導！

詩34:8 你們要嚐嚐主恩的滋味，便知道祂是美善，投靠祂的人有福了！

〈太太的視角〉

在危難中，我看見了他的擔當

邱競慧

這麼多年來，看著我先生駿豪寫下一本又一本筆記日誌，如今已經邁入第廿一年，這其實是多麼不容易的一件事!!因爲我也曾嘗試拿起筆、拿起筆記本，也想要每天利用一點時間，靜下心來記錄生活，卻發現，我做不到！可能寫了兩天、三天，就停下來，但這一停，再拿起筆就是五個月、六個月後。

天天來到神的面前，安靜自己的心已經很不容易，何況是用手寫的方式！我們經常禱告、讀聖經，但在同時，腦袋裡卻也在想著即將要去處理的事情、待回覆的簡訊、電話、工作上的哪件事……心根本沒辦法安靜下來。而我先生在寫筆記本的短短廿、卅分鐘裡，我們跟他講話，他好像都聽不見；在那時間裡，只有他跟 神，他們是如此親密地彼此在相處。

我曾經想過，是不是因爲他壓力大到沒有人可以成爲他的出口，所以他需要寫這樣的筆記本？我發現，他非常享受寫筆記本的快樂。他是即使躺上床要就寢，突然想到「喔！我忘了寫了！」就立刻跳下床去寫！好像必須寫完，他才能夠安然入睡。

我非常羨慕他跟 神之間的這種親近關係。神留下這樣一個奇妙時間，讓他與 神獨處，我覺得這是非常大的福分！

透過寫筆記本，他講出所有在生活中的跌倒、不堪、金錢上的坑洞，種種犯錯以及自省的過程。神也信實地垂聽他的每一個禱告，慢慢教導他、修剪他。我跟他都承認，如此軟弱的我們，若是靠自己本該會活在羞愧、難過、對孩子的愧疚，或者對自己的疑惑茫然當中，甚至看不到希望。但因著上帝的修剪，就好像聖經裡所講，「神從灰塵中抬舉貧寒人，從糞堆中提拔窮乏人。」一路走來，感謝 神的不撇不棄，讓我們如今可以成爲抬得起頭來的人。

如果沒有 神在我的婚姻、信仰裡，我想，我們根本走不到現在。

剛結婚的時候，我還是一個碩士班學生。他上班前，常會在桌上擺個一千或兩千元給我。有時，他突然想到了，就會問我，「好久沒有給你錢了，身上還有錢嗎？」我說，「有啊，你上個禮拜才給過我兩千！」他覺得我很神奇，爲什麼一、兩千元可以用半個月？如果可以走路的話，我就不要坐公車、不搭捷運，如果正好順路，就跟同學共享交通。日子能省則省。

我跟他在金錢、價值觀上有很大差異，甚至可以說南轅北轍！他從小成長環境優渥，我則家裡窮；他闊綽，我節省；我看一塊錢跟他看一千塊，有時候很難比較兩個單位到底哪一個大哪一個小。

婚後我慢慢發現他有賭博習慣，卻始終沒有把它看成是一個巨大問題，沒想過這會影響到我們，也從未思考過是否暫停或結束婚姻。因爲結婚對我來說，是兩個人在教堂裡立下的盟約，是我們生命新階段的開始。沒有當過丈夫和妻子的角色，我們在神的教導、在衆人見證下，成爲配偶，開始學習如何跟對方相處。在我的認知上，付出本是我的責任，就算他賭博帶給家裡經濟困境，而無論遇到多大的不順遂、痛苦或危難，都不足以讓我去思考要去跟他撕破臉，也從來沒有離婚這個選項。

過去我先生的賭癮，的確帶給我們極大的經濟壓力，讓我們一直被錢追著跑。不僅影響我們的生活，也影響到他工作的優先次序。他會不停上班、拚命賺錢；存到一筆錢做爲賭本後，就出國去賭個過癮。周而復始的一個循環。

以前我們常假借公司旅遊之名，實際上行出國賭博之實。不管贏錢或輸錢，他花錢請同行同事吃飯，一點都不手軟，加上他愛面子，出手都非常非常大方。但只有我們兩人時，即使贏錢了，也從不會踏進高檔的餐廳或是去添購平常買不起的奢侈品。我常覺得他的這種價值觀非常矛盾，卻也非常有趣——爲什麼在賭場，或者對外公關，或者別人向他借錢，他都毫不小器，可是花在我們自己身上卻是縮手縮腳？有時候我會因此有一些不高興，甚至跟他產生爭執。

除了賭博、金錢觀之外，在婚姻生活中，自然也有摩擦的時候。譬如我們三個孩子，每一個懷胎十個月期間，他因爲忙著工作，加上忙著解決賭債問題，從來沒有陪我去做產檢。而在教養孩子過程中，我看到許多新手爸媽大多會一起上課，學習如何幫小孩包尿布、洗澡……但在我的記憶裡，他完全沒有參與，沒有幫任何一個孩子換過尿布、洗過澡。我想他可能害怕或不擅長做這些事情，也就盡量不打擾他。

記憶很深刻的一次是，當最小的孩子兩三歲時，我們帶著全家三個孩子出去玩。住進飯店後，我帶著老大、老二去游泳，讓他獨自陪著仍需包尿布、還在學步期的老三。那是他第一次幫孩子換尿布！應該是手忙腳亂吧，他竟然把尿布撕破了。當我帶著老大跟老二從游泳池走回房間，才只是在電梯走廊上，他已經迫不急待打開房門，一臉如釋重負地興奮道，「你終於回來了！」也就是說，那些年在養育孩子過程中，他經常是缺席的。

很多人問我，「你先生這麼愛賭博，造成家裡這麼多困境，你怎麼不阻止他？」我了解他，想阻止也阻止不了，愈阻止，他還可能會加倍奉還。雖然愛賭，但賠了再多的錢，他二話不說，回到職場上拚命賺錢、拚命想辦法用正當方式將錢坑補起來。

默默看著他一次又一次負責任地解決問題，對我來說，這是一個非常重要關鍵——

因爲在我的原生家庭，是我母親一手獨力扶養了我們三姊妹。就因爲從小看著我父親對於婚姻、家庭、工作的不負責任，所以我常跟上帝禱告，最希望、最渴望的就是我的先生不要像父親一樣。我先生有肩膀、有擔當，滿足了我內心的缺憾！

也有很多人問我，「沒有想要離開？沒有想要放棄嗎？你難道沒有脾氣？不會生氣嗎？」認識我的人都知道，我脾氣不小，也很有自己的個性。但是，「神所許配的人，不可分開。」這句話深植我生命裡，我跟神說：「好，今天我挺祢的法則，順服我丈夫。但是我相信，祢也一定會挺我、保護我到底。」我從沒有思考過離婚這個選項。

而且我在婚姻裡，好像天生就有著不把仇恨値擴大的DNA，這就要很感謝我母親。雖然我父親完全沒有盡到丈夫、父親的責任，但我母親從沒有在我們面前說過一句父親的壞話，也從來沒有抱怨過。我長大後才明白，是母親不想把仇恨的種子放進我們心中。現在細細回想起來，這不是一個平凡人可以做到的事。我想，因爲我母親是一個眞實信仰耶穌的人，才能夠具有這樣的智慧。

如果問我：內心不曾有過埋怨嗎？答案是：當然有。但是，當我對我先生有所抱怨時，我有一個很棒的訴苦對象，那就是我的上帝。我會毫無保留、不加修飾地向上帝傾訴我對先生的不滿或委屈。很神奇的是，每當我把這些苦情向上帝訴說，我跟先生之間的每一件事情就會慢慢、慢慢地獲得解決。

駿豪初信 主時，雖然只是一個 newborn baby 基督徒，但 神揀選了他，讓他一點一滴開始學習。雖然生活中仍有很多錯誤、很多困難，我看見了他受苦、流汗，卻發現他能從中更去尋求 神並認識 神；他踏實地把信仰帶進生活裡，以 神的話語爲他的生命準則，誠實面對每一個問題、度過每一道難關。他對上帝的眞誠，也幫助了我們的婚姻。每當我們遭遇困境或危難時刻，我們總是可以一起手牽手，一起禱告。

信仰是自己的追求、是自己跟 神的關係。神修剪了他，讓他在信仰中重生，不但戒了賭，也幫助我們的婚姻更加不可撼動；他也漸漸挪開不必要的應酬，在家陪伴孩子一起禱告、讀聖經、打籃球、討論課業。如今，他更鼓起勇氣將自己過去被賭博嚴重影響並耽誤的眞實經歷寫出來，我相信這也是信仰、是 神帶給他的力量！

我跟先生是彼此生命的伴侶，戒賭後的他就像一個新造的人，像聖經上所說的「一天新似一天」，不再被賭癮綑綁牽引了！他有更多的時間與熱情孝順父母、陪伴孩子成長、關心他身邊的人，現在我倆更是一起傳福音的好夥伴。這本書是 神所賜與的祝福，與大家共同分享，希望能成爲所有人的祝福！願 神賜福給每一位讀者。

「若有人在基督裏，他就是新造的人，舊事已過，都變成新的了。」

——哥林多後書5：17

「門徒就分外希奇，對他說：『這樣誰能得救呢？』耶穌看着他們，說：『在人是不能，在神卻不然，因為神凡事都能。』」

——馬可福音10：26—27

「我們有這寶貝放在瓦器裡，要顯明這莫大的能力是出於 神，不是出於我們。我們四面受敵，卻不被困住；心裡作難，卻不至失望；遭逼迫，卻不被丟棄；打倒了，卻不至死亡。身上常帶著耶穌的死，使耶穌的生，也顯明在我們身上。」

——哥林多後書4：7—10

神奇筆記本：輪盤與信仰的神奇交會

作　　者　劉駿豪
責任編輯　劉憶韶
封面繪圖　B.Peru.
封面、彩頁設計、內頁版型　劉孟宗
內頁插圖　小瓶仔
內頁排版　藍天圖物宣字社

版　　權　吳亭儀
行銷業務　周丹蘋、周佑潔、吳藝佳、林詩富
總 編 輯　劉憶韶
總 經 理　彭之琬
事業群總經理　黃淑貞
發 行 人　何飛鵬
法律顧問　元禾法律事務所　王子文律師
出　　版　商周出版 台北市115南港區昆陽街16號4樓
電話：(02)25007008　傳眞：(02)25007579
Email：bwp.service@cite.com.tw
發　　行　英屬蓋曼群島商家庭傳媒股份有限公司城邦分公司
台北市115南港區昆陽街16號8樓
書虫客服服務專線：02-25007718　02-25007719
24小時傳眞專線：02-25001990　02-25001991
服務時間：周一至周五 9:30-12:00　13:30-17:00
劃撥帳號：19863813　戶名：書虫股份有限公司
讀者服務信箱Email：service@readingclub.com.tw
香港發行所　城邦（香港）出版集團有限公司 香港九龍土瓜灣土瓜灣道86號順聯工業大廈6樓A室
Tel: (852)25086231　Fax: (852)25789337　Email：hkcite@biznetvigator.com
馬新發行所　城邦（馬新）出版集團 Cite (M) Sdn Bhd
41, Jalan Radin Anum, Bandar Baru Sri Petaling, 57000 Kuala Lumpur, Malaysia.
Tel：(603)90578822　Fax：(603)90576622　Email：cite@cite.com.my

印　　刷　卡樂彩色製版有限公司
總 經 銷　聯合發行股份有限公司　新北市231新店區寶橋路235巷6弄6號2樓

2024年6月6日初版
2024年6月18日初版5.5刷
定價360元

ISBN 978-626-390-171-1　9786263901667 (EPUB)

國家圖書館出版品預行編目（CIP）資料

神奇筆記本：輪盤與信仰的神奇交會／劉駿豪著. -- 初版. -- 臺北市：商周出版：英屬蓋曼群島商家庭傳媒股份有限公司城邦分公司發行, 2024.06
248面；21×14.8公分
ISBN 978-626-390-171-1（平裝）
1. CST：劉駿豪　2. CST：傳記
783.3886　113007285